Vila Rica

Coleção Debates
Dirigida por J. Guinsburg

Equipe de realização – Revisão: Edméa Garcia N. Danesi; Arte e diagramação: Walter Grieco e Francisco Fransber; Produção: Ricardo W. Neves e Raquel Fernandes Abranches.

# sylvio de vasconcellos

## VILA RICA

**FORMAÇÃO E DESENVOLVIMENTO – RESIDÊNCIAS**

CIP-BRASIL. CATALOGAÇÃO-NA-FONTE
SINDICATO NACIONAL DOS EDITORES DE LIVROS, RJ

V448v
2.ed.

Vasconcellos, Sylvio de, 1916-1979
   Vila Rica / Sylvio de Vasconcellos. - 2.ed. - São Paulo :
Perspectiva, 2011. (Debates ; 100)

   Inclui bibliografia
   ISBN 978-85-273-0923-3

   1. Habitações - Ouro Preto (MG). 2. Arquitetura barroca -
Ouro Preto (MG) I. Título. II. Série.

11-3374.

                         CDD: 720.98151
                         CDU: 72.036(815.1)

09.06.11   13.06.11

                                   027063

2ª edição

Direitos reservados à
EDITORA PERSPECTIVA S.A.

Av. Brigadeiro Luís Antônio, 3025
01401-000 – São Paulo – SP – Brasil
Telefax: (0--11) 3885-8388
www.editoraperspectiva.com.br

2011

# SUMÁRIO

INTRODUÇÃO .......................... 9

## I. FUNDAMENTOS ..................... 13

1. A descoberta ....................... 13
2. Formação ........................ 16
3. Administração .................... 20
4. Criação da Vila ................... 24
5. Casa dos Governadores e da Câmara e Cadeia .......................... 25
6. Elevação da Vila a cidade .......... 31

## II. O MEIO SOCIAL ................... 33

1. Povoamento ...................... 33
2. Sociedade ....................... 36

| | |
|---|---|
| 3. Família | 42 |
| 4. Religião | 44 |
| 5. Economia | 46 |
| a) Ouro | 46 |
| b) Comércio | 52 |
| c) Agricultura | 58 |

## III. O MEIO FÍSICO ... 61

| | |
|---|---|
| 1. Clima | 61 |
| 2. Topografia | 66 |
| 3. Arruamento | 69 |
| 4. Zoneamento | 83 |

## IV. DAS CONSTRUÇÕES ... 87

| | |
|---|---|
| 1. Legislação | 87 |
| 2. Prospectos e ofícios | 92 |
| 3. Loteamento | 101 |
| 4. Situação | 108 |
| 5. Materiais | 108 |

## V. PLANTAS ... 121

| | |
|---|---|
| 1. Ranchos | 121 |
| 2. Partido Geral | 124 |
| 3. Casas dos Morros | 125 |
| 4. Casas de arrabalde | 128 |
| 5. Casas urbanas térreas | 131 |
| 6. Sobrados | 140 |

## VI. INTERIORES ... 153

| | |
|---|---|
| 1. Acabamento geral | 153 |
| 2. Vãos | 156 |
| 3. Pintura | 160 |
| 4. Água | 162 |
| 5. Mobiliário | 165 |
| 6. Iluminação | 169 |

## VII. FACHADAS ... 171

| | |
|---|---|
| 1. Partido geral | 171 |
| 2. Casas dos morros | 175 |
| 3. Casas de arrabalde | 179 |
| 4. Casas urbanas térreas | 180 |

5. Sobrados ........................ 184
6. Século XIX ...................... 195

BIBLIOGRAFIA ........................ 201

ABREVIATURAS ........................ 209

*A Muriel*
*c. a.*
*o Autor*

## INTRODUÇÃO

A maioria das publicações existentes no Brasil, em regra, tem-se limitado à descrição de sua história político-militar ou a detalhes regionais ou peculiares de sua arte, sendo raras as divulgações, como as empreendidas pelos nossos modernos sociólogos, que dessem notícias mais amplas do país.

Especificadamente sobre nossa civilização material, os estudos existentes têm preferido os monumentos isolados, principalmente religiosos ou públicos, ainda assim, com precedência de sua história ou das poucas singularidades que apresentam. Só muito recentemente, com Lúcio Costa, Paulo Barreto, Afonso Arinos de Melo Franco, Paulo Santos e poucos mais, passou o problema a ser encarado com mais largueza, abrindo veredas ao "descortínio eficaz" de nossa arquitetura, consideradas suas origens, causas, significação e conseqüências.

Desistindo, pois, das obras de caráter monumental, em parte já versadas, julgamos de bom alvitre pesquisar a arquitetura particular que, se por um lado se reveste de menor apuro e riqueza, por outro, por mais ligada ao homem, às suas necessidades e possibilidades, está a merecer maior atenção.

Para evitar, porém, pela diversidade do espaço e tempo, viesse o estudo a transbordar dos limites que, pelo seu próprio caráter, lhe são impostos, procuramos equacioná-lo, elegendo, como ponto de referência, uma povoação que, por sua importância na formação do país pudesse ser tida como padrão de sua época. Não tão antiga que apenas correspondesse aos ensaios de nossa civilização, nem tão nova que, perdida em contraditórias influências alienígenas, pouco tivesse guardado de seu caráter nativo. Vila Rica, centro de toda a colônia no século XVIII, impunha-se sem maior dúvida.

De tal modo, porém, a arquitetura civil se integra no meio onde se concretiza, que não seria aconselhável desligá-la do ambiente onde se realizou, o que, com a necessária condensação, não foi portanto descurado.

Procuramos, ainda, não só deixar delineada a evolução cronológica das realizações como também ordená-las segundo adequada dinâmica, das mais simples às mais complexas, para isto esquematizando partidos, sintetizando soluções e recompondo preferências, com menor atenção aos detalhes excepcionais em pormenor que, se bem várias vezes citados para os necessários confrontos, não se permitiriam maior desenvolvimento, senão em trabalhos a eles expressamente dedicados.

Como base do estudo foi dada preferência à documentação original preservada no Arquivo Público Mineiro e às pesquisas pessoais processadas no acervo material ainda existente em Ouro Preto. Além de mais importantes, compensariam a pouca extensão da bibliografia nacional referente ao assunto, infelizmente bastante pobre, salvo as publicações de entidades especializadas e as memórias de viajantes ilustres.

Em conseqüência, permitiram-se várias conclusões, algumas, é certo, contrariando opiniões já consagradas, outras apenas frisando particularidades pouco notadas. Assim, as razões fundamentais da elevação do povoado a vila, em função do comércio local, a falta de madeiras para as suas construções, a despeito da impressão, que perdurava, de que fosse esta falta decorrente de devastamento artificial, o desenvolvimento linear e espontâneo da povoação, centrípeto e não centrífugo, a contribuição portuguesa em sua formação, os sistemas construtivos adotados em função dos recursos e da topografia local, e a dinâmica das plantas e fachadas da arquitetura particular de Vila Rica. Por certo as idéias a respeito expendidas foram apenas delineadas, estando a merecer posterior desenvolvimento, que as confirme ou retifique, apesar de não se ter descurado da comprovação que lhes assegurasse o indispensável cunho de veracidade.

Por já estarem suficientemente divulgados, não foram objeto de cogitação os sistemas construtivos e a arquitetura religiosa do lugar, a não ser quando em correspondência com outros aspectos do tema.

Releva confessar, finalmente, o muito auxílio recebido, em conselhos e orientação dos mestres Rodrigo M. F. de Andrade e Lúcio Costa, assim como de vários outros colegas que, bondosamente, prestaram a sua cooperação, seja com desenhos, indicações, pesquisas, etc. Dentre eles, citem-se ainda: Paulo Barreto, Francisco Lopes, Yeda Pitangui e meu pai Salomão de Vasconcellos, quase todos ligados à Diretoria do Patrimônio Histórico e Artístico Nacional, onde se concentra a quase totalidade dos estudiosos do assunto, no país, sem cuja colaboração não teria sido viável esta tarefa.

Finalmente, restará apenas ao A. confessar, como Cláudio Manuel da Costa, que, se Vila Rica era digna de alguma lembrança na posteridade, lhe será desculpada a ousadia que o levou a este empenho, conhecendo tanto a desigualdade de suas forças.

# 1. FUNDAMENTOS

*Cantemos, Musa, a fundação primeira
da Capital das Minas; onde inteira
se guarda ainda, e vive inda a memória
que enche de aplauso de Albuquerque a
história*[1].

## 1. A descoberta

Vila Rica é um dos frutos, talvez o maior, da admirável expansão portuguesa no Novo Mundo. Habituado às fáceis riquezas proporcionadas pelo comércio das Índias e estimulado pelos tesouros que os espanhóis recolhiam em suas conquistas americanas,

1. Cláudio Manuel da Costa, *Vila Rica,* I, pp. 1-4.

jamais se conformaria a Metrópole em limitar sua avidez ao precário comércio dos paus-de-tinta, das exotices e do açúcar de sua nova colônia.

Não dispondo de recursos suficientes para arcar com as despesas da colonização e descoberta dos almejados tesouros, nelas incentiva, com promessas de honrarias e benefícios, os seus mandatários e os particulares de maior iniciativa[2].

Dentre as várias entradas e bandeiras que se organizam, principalmente em S. Paulo, em demanda do ínvio sertão, por onde talvez já transitassem as boiadas tangidas pelos homens do norte[3], e visando muitas delas ao preamento dos silvícolas[4], destaca-se a de Fernão Dias Pais (1674) que, com extraordinária audácia e persistência, desbrava e assinala os sítios e roteiros mais importantes da região, fundando seus primeiros arraiais e descortinando-a, assim, aos seus patrícios e ao rei.

2. Sobre o necessário incentivo aos paulistas sobressaem as recomendações feitas ao rei pelo Governador Antônio Pais de Sandé (1693-1695) transcritas por Taunay na sua *História Geral das Bandeiras Paulistas*, t. IX, pp. 22 e ss. Calógeras, *Formação do Brasil Contemporâneo*, p. 70.

3. A tese da penetração baiana anterior à dos paulistas é esposada por vários autores, dentre os quais Salomão de Vasconcellos — *Bandeirismo*; Afonso Arinos de Melo Franco — *Desenvolvimento da Civilização Material do Brasil;* Augusto de Lima Júnior — *A Capitania de Minas Gerais*, e o próprio Antonil. Taunay, porém, em artigos para o *Jornal do Comércio* (1947) e em sua citada história das bandeiras, de certo modo contradiz a assertiva, apoiando-se, por exemplo, em José Joaquim da Rocha — *Descrição da Capitania de Minas Gerais*, que transcreve: "Foram os paulistas os primeiros que se entranharam pelo Rio S. Francisco, povoaram e encheram de gado as suas margens de que hoje se sustenta o grande porto das Minas" (Taunay *op. cit.* t. IX, XII). Geraldo Dutra de Morais acrescenta à controvérsia dados estatísticos interessantes, colhidos em Conceição do Serro, *História de Conceição do Mato Dentro,* segundo os quais a maioria dos moradores mais antigos do lugar não eram paulistas. (De 73 apenas 17 paulistas.)

4. Alcântara Machado em *Vida e Morte do Bandeirante,* p. 223, citando Mancila, escreve que "A vida dos paulistas, no 2.º quartel do século XVII, se resume em um constante ir e vir e trazer e vender índios". Taunay, *op. cit.,* explica, ainda, o retardamento das descobertas pelo temor dos paulistas em virem a sofrer restrições às suas liberdades ou direitos (como de fato ocorreu), tendo em vista as limitações que naturalmente seriam adotadas em defesa dos interesses reais.

Nunca desfalecendo em suas esperanças, alimentadas de início pelas informações dos nativos e confirmadas, depois, em parte, pelos desbravadores, ao entardecer do século XVII, vê, enfim, Portugal concretizadas suas aspirações.

Seguindo o exemplo de Fernão Dias, outros notáveis sertanistas se aventuram às mesmas paragens, em busca dos decantados tesouros de pedras preciosas e prata que, todavia, nunca puderam ser encontradas. Entretanto, foram esses incentivos que possibilitaram aos paulistas a descoberta do ouro que, em grãos *cor de aço,* vai o mulato citado por Antonil[5] encontrar em modesto riacho, perdido entre agrestes montanhas.

Espalhada a notícia das descobertas, consideráveis levas de aventureiros para elas se dirigem, cabendo a Antônio Dias de Oliveira, acompanhado pelo Pe. João de Faria Fialho e pelos irmãos Camargo, fundar, por

5. Padre João Antônio Andreoni, "Cultura e Opulência do Brasil por suas drogas e minas", em *Rev. A.P.M.,* Ano IV, p. 509. Outros autores, como José Joaquim da Rocha, "Memória Histórica da Capitania de Minas Gerais", *Rev. A.P.M.,* t. II, p. 245, Cláudio Manuel da Costa, *Fundamento Histórico do Poema Vila Rica;* e Basílio de Magalhães, *Expansão Geográfica do Brasil Colonial,* perfilhando opinião do Cel. Bento Fernandes Furtado de Mendonça (resumo de Silva Pontes em *Rev. A.P.M.,* t. IV, p. 83) atribuem a primeira notícia do ouro em Minas a Antônio Rodrigues Arzão (1693) ao qual acompanhava o referido mulato (Basílio *op. cit.,* p. 212) que também é identificado como o próprio Arzão (S. de Vasconcelos *op. cit.,* p. 59) contra o ponto de vista de Taunay (*op. cit.,* t. IX, p. 160) que lhe dá a ascendência. Todavia, Arzão não legalizou a descoberta como o faria mais tarde, Carlos Pedroso da Silveira, indigitado como se tendo aproveitado das descobertas de Miguel Garcia da bandeira de Salvador Fernandes Furtado (1694) — (*apud* S. de Vasconcelos *op. cit.,* p. 63). Como, porém, ao presente estudo interessa mais a história de Vila Rica que propriamente a de toda a região, foi preferida a tese de Antonil, em detrimento de outras que se referem a acontecimentos verificados em diversos locais. Por sua vez não foram apuradas com certeza as datas dos descobrimentos, o descrito por Antonil sendo, por exemplo, situado por Diogo de Vasconcelos, em *História Ant.,* p. 93, em 1692, ao passo que pesquisas posteriores como a de Paulo Santos em *Arq. Rel. em Ouro Preto,* 26, o situam em 1697. Quanto à prioridade das descobertas, deve ainda ser levado em conta o *Roteiro das Minas de Ouro que descobriu o Pe. João de Faria, etc.* de 1694-5, que atribui a este clérigo a descoberta do metal do Brasil (Paulo Santos, *op. cit.* p. 27).

*15*

volta de 1698[6], o arraial que lhe toma o nome, origem de Vila Rica.

## 2. Formação

Intensificam-se, então, as penetrações, também estimuladas pela Metrópole com a concessão de especiais favores aos responsáveis por novas descobertas, aos quais se concede o direito a uma mina de 80 varas sobre 40 e mais uma data de 60 por 30, sobre a mesma beta, ambas à sua escolha, entremeando, entre uma e outra, 120 varas, área que seria ocupada por duas datas menores[7].

Beneficiam-se, assim com o direito de escolha e e com uma segunda data.

Em águas correntes e nas quebradas dos montes, tinha o quinhão do descobridor 60 varas de comprido e 12 de largo, medidas do meio da corrente ou da quebrada, sendo o de cada um dos outros aventureiros um terço menor em comprimento; mas, se o rio era grande, tocavam ao descobridor as 80 varas e aos outros 60. Nas minas menores que ficavam em campos, outeiros ou às bordas dos rios, era de 30 varas quadradas a data do descobridor e de 20 as outras; mas se a área não chegasse para todos os pretendentes, o Provedor dividia as datas proporcionalmente[8].

Considerando-se, porém, como novas só as lavras distantes, pelo menos meia légua, das conhecidas, procuram os mais ambiciosos destas afastar-se, a fim de se enquadrarem nas condições estabelecidas para a concessão das citadas regalias. Multiplicam-se, assim, os manifestos, e seus exploradores, desprovidos de garantias de vida e de propriedade, são impelidos a entrincheirar-se no mesmo local de trabalho, levantando seus abrigos nas próprias catas, à beira dos talhos, a céu aberto, ou aproveitando as próprias bocas das minas, concorrendo, desse modo, as explorações, para a disseminação dos povoados.

6. Diogo de Vasconcelos, "História Antiga das Minas Gerais", p. 103. Referências ao descobrimento encontram-se também no "Extrato do Descobrimento das Minas Gerais, etc." de Luís Diogo Lobo da Silva, Governador da Capitania (1763-1768) em *A.P.M.*, cod. 76, D.F., avulsos, 1.

7. Aristides de Araújo Maia, em "História da Província de Minas Gerais", *Rev. A.P.M.*, ano VII, p. 29.

8. *Ibidem*. As Minas de Ouro Preto eram de tal modo ricas e requestadas, "que por acudir a elas muita gente, só pôde tocar 3 braças em quadra a cada minerador" cf. o Visc. de Porto Seguro em *História Geral do Brasil*, p. 983.

Em toda a parte eram pesquisadas as areias dos ribeiros e a terra das montanhas e, quando encontravam algum terreno aurífero, construíam barracas em suas vizinhanças, a fim de explorá-lo. Estas espécies de acampamentos (arraiais) tornavam-se pequenas povoações, depois vilas; e foi assim que os paulistas começaram a povoar o interior da terra, incorporando à monarquia portuguesa regiões mais vastas do que muitos impérios[9].

Normalizando-se as explorações, organizam-se os povoados em torno de suas capelas provisórias, cujos adros e caminhos, caseados, vão cordear os incipientes logradouros públicos[10] (Fig. 1).

Assaltam, porém, os paulistas, com tanta sofreguidão e imprevidência, os sítios que, sendo surpreendidos pela fome, são forçados a abandoná-los[11], em busca de outros menos áridos. Dessa fuga nascem várias outras povoações[12], também auríferas mas, pouco depois, é o êxodo compensado pela chegada de novos e dispostos emigrantes, procedentes, já agora, não só de S. Paulo, como de outras capitais e do Reino. O próprio rei, alarmado com o desenvolvimento da Metrópole e das outras regiões da colônia, recomenda, em 1701, a Artur de Sá que "não permitisse a entrada de mais gente nas Minas", punindo os infratores com penas severíssimas[13]. Todavia, apesar das medidas coercitivas, de 1705 a 1750, deixaram Portugal, com

9. Saint-Hilaire, em *Viagem à Província de São Paulo,* p. 35.

10. Paulo Santos, em *A arquitetura religiosa em Ouro Preto,* p. 32, salienta, baseado nos aforamentos da época, que já em 1711, quase todos os arraiais, futuros bairros de Ouro Preto, estavam formados, com as designações que até hoje perduraram.

11. Diogo de Vasconcelos, em *Hist. Ant.,* pp. 110-119, referindo-se respectivamente ao abandono dos sítios de Miguel e Carmo em 1698 e a serra do Ouro Preto em 1701, de onde se retiram, para Guaratinguetá, o Pe. Faria e, para 4 léguas além, os irmãos Camargo, onde fundariam novo arraial que lhes guarda o nome. Também Taunay em *Hist. Ger. das Band. Paul,* v. IX, p. 153, citando Bento Fernandes e Pedro Taques, refere-se ao acontecimento.

12. Além de Camargos, decorrem desta fuga os arraiais de Cachoeira, S. Bartolomeu, Casa Branca, Rio de Pedras, etc., cf. D.V. *op. cit.* p. 119.

13. Diogo de Vasconcelos em *Hist. Ant.,* p. 203; recomendação repetida periodicamente, em 1709, 1711 etc. cf. Taunay, *Anais do Museu Paulista,* t. V, p. 520.

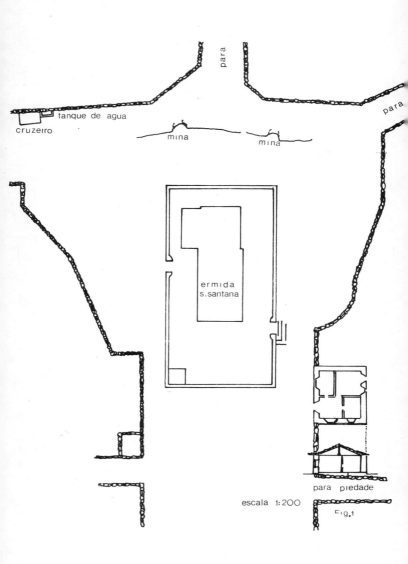

destino às Minas[14], cerca de 800 000 pessoas, quase a metade de toda a sua população[15].

Interferindo os novos emigrados com as ambições e os pretendidos direitos dos descobridores[16], vai a posse comum das riquezas produzir choques e ódios, cada vez mais freqüentes e acirrados, resolvidos, afinal, na luta armada em que se empenham. Com a vitória dos emboabas, seus rivais abandonam a região ou confinam-se os seus remanescentes, como na serra do Ouro Preto, em arraiais próprios dos paulistas[17]. A estes são concedidas, posteriormente, por meio de acordos e determinações, garantias especiais que, contudo, não os beneficiam integralmente, em razão das suspeitas e temores que, por certo, lhes inspiraria o muito maior número de reinóis encaminhados à região. É assim que, considerando o rei, em 1718, que

os paulistas sem algum escrúpulo e estímulo que os incitem, não vão gostosos aos descobrimentos, sendo, porém, os únicos que com bom sucesso os podem fazer, e na pouca vontade em que se acham não querem meter-se nos sertões sem a condição de serem eles os que repartam as datas[18],

manda que D. Pedro de Almeida, aconselhado pelos ouvidores gerais, sugira as alterações necessárias

14. Principalmente do Minho, segundo documento transcrito por Taunay em *Anais do Museu Paulista*, t. V, p. 520. Releva notar a disparidade entre esta imigração e a proporcionada pelos paulistas, evidentemente muito menor, tendo-se em consideração a diminuta população da Capitania de S. Paulo na época. Alcântara Machado em *Vida e Morte do Bandeirante*, p. 39, avalia a população da Vila de S. Paulo, em 1600, em 1 500 pessoas apenas, sendo ainda tão pequena "em 1700 que o edifício da cadeia estava fora da rua do Conselho".

15. "Triunfo Eucarístico" em *Rev. A.P.M.*, 1901, p. 995, consigna: "... viu-se em breve tempo transportado meio Portugal a esse empório".

16. Diogo de Vasconcelos, *op. cit.* p. 201, cita como origem dos pretendidos direitos dos paulistas ao pleno domínio e propriedade das descobertas, a Carta Régia de 18.3.1694, dirigida a D. João de Lencastre, pela qual ao descobridor se asseguraria, além da propriedade citada, salvo o quinto, o foro de fidalgo e o hábito de uma das três ordens.

17. Pelo estudo dos tombamentos de Vila Rica, pode-se depreender a existência de dois desses arraiais na povoação: um em Antônio Dias, no trecho ainda ocupado pela Rua dos Paulistas e outro no fundo de Ouro Preto, entre a Igreja de N. S. do Pilar e a de N. S. do Rosário, acompanhando o córrego do Caquende.

18. *Rev. A.P.M.* ano 1, 690. *Reg. Min.* n. 12.

na legislação mineira, em atenção às peculiares condições da colônia.

Sem desmerecer, entretanto, o valor dos paulistas, aliás com grande tendência ao nomadismo[19] nas descobertas, não é lícito desconhecer a contribuição dos demais portugueses e brasileiros, menos inquietos, no posterior desenvolvimento da região[20].

### 3. Administração

Atento aos seus interesses, recomenda o rei ao governador sediado no Rio de Janeiro que não se descuide do assunto, averiguando da importância das novas descobertas para, em seguida, providenciar sobre os direitos da Coroa. Para isso vem a Minas em 1681 D. Rodrigo de Castelo Branco, mas sua inspeção termina com infausto acontecimento, que redunda em sua morte por apaniguados de Borba Gato.

Antônio Pais de Sande, também, por morte, não pôde cumprir as determinações reais a que Artur de Sá, em 1700, atenderia, percorrendo a região, estabelecendo a justiça e regulamentando a arrecadação dos quintos reais. Antes, porém, de sua viagem, é enviado à região Garcia Rodrigues Pais, filho de Fernão Dias Pais, dela nomeado guarda-mor geral, em razão dos serviços por ele e seu pai anteriormente prestados[21]. Em sua inspeção, aquele nomeia, por sua vez, guarda-mor *ad hoc* a Salvador Fernandes Furtado, a quem coube legalizar as posses de Antônio Dias, do Pe. Faria, de Félix de Gusmão (Passa-Dez) e de Francisco

19. João Camilo de Oliveira Torres em *O homem e a montanha*, p. 39, confirma: "Os paulistas descobriam, exploravam, povoavam mas não permaneciam nos lugares que descobriam".

20. J. J. Teixeira Coelho em "Inst. para o Gov. da Cap. M. Gerais" (1780) em *Rev. A.P.M.* ano VIII, p. 561, consigna: "Os povoadores da dita província ou são ou procedem dos europeus". O Cônego Raimundo Trindade em *Velhos Troncos Ouropretanos* demonstra que destes troncos, (21 os que cita), originam-se todos de Portugal, salvo 1 paulista, 2 do norte e 1 francês. Em índice geral dos troncos mineiros que pretende condensar em livro, a 162 famílias só correspondem 38 paulistas.

21. Diogo de Vasconcelos, *op. cit.* p. 113. A nomeação de Garcia pelo rei data, porém, de 19.4.1702, conforme provisão transcrita na *Rev. A.P.M.* ano I, p. 683.

Silva Bueno (córrego abaixo do Campo Grande)[22], e, com estas posses, funda os respectivos arraiais[23]. Pouco depois, Artur de Sá, já no ribeirão do Carmo, nomeia guarda-mor em toda a zona, na ausência do Capitão Manuel Lopes Medeiros[24], o Mestre de Campo Domingos da Silva Bueno[25]. Ao mesmo tempo, proíbe a circulação do ouro em pó, sem a respectiva guia de licença, comprobatória do pagamento dos quintos, que deveriam ser recolhidos à Provedoria do Rio de Janeiro, "fazendo estabelecer registros nos Campos Gerais para o Rio de Janeiro, S. Paulo, Bahia e Pernambuco"[26].

Retirando-se das Minas, nomeia, ainda, Artur de Sá, além de escrivães e tesoureiros, superintendente e administrador geral o Desembargador José Vaz Pinto, cargo que ocupa até 1704-05[27]. Para a região do Ouro Preto, nomeia como tesoureiro das datas a Domingos da Silva Monteiro e para procurador da Fazenda Real ao Sargento-Mor Antônio da Rocha Pimentel[28].

Convém ressaltar que o sistema político administrativo então adotado por Portugal não primava pela clareza[29]. Leis, regimentos, cartas régias, avisos e ordens, pelas contradições, incoerências, obscuridades que continham e desobediências que provocavam, não facilitavam o entendimento das verdadeiras intenções do executivo. Por outro lado, a falta de exação[30] e mesmo

22. *Ib.*, p. 116. Conforme a antiga legislação modificada em 1603 e 1618, o subsolo pertencia ao rei, que podia cedê-lo a particulares, com ressalva de sua quota-parte nos lucros obtidos. Guardas-mores gerais e guardas-mores distritais encarregavam-se do cumprimento da legislação mineira. Ver "Manual do Guarda-mor", de Silva Pontes na *Rev. A.P.M.*, ano 1902, p. 357 e ss.

23. Diogo de Vasconcelos, *op. cit.* p. 114 e ss.

24. Anteriormente nomeado pelo governador ainda em S. Paulo (23.2.1700) Guarda-mor das Minas dos Cataquases até os limites do Sumidouro, isto é, até à jurisdição de Borba Gato, cf. Diogo de Vasconcelos, *op. cit.*, p. 138.

25. Diogo de Vasconcelos, *op. cit.* p. 117.

26. *A.P.M., D.F., Cód. 76*, (avulsos) fl. 1, (1763-8).

27. *A.P.M. Cód. 76 D.F.* (avulsos) fl. 1.

28. Diogo de Vasconcelos, *op. cit.* p. 142.

29. Codificado no Repertório das Ordenações e Leis do Reino de Portugal, etc. de 1747 e 1749 e no *Apêndice das Leis extravagantes* do ano de 1747, ambos impressos no Mosteiro de S. Vicente de Fora, em Lisboa. Alcântara Machado em *Vida e Morte do Bandeirante*, p. 155, refere-se ao "Teorismo e o

de compostura[31] das autoridades encarregadas de fazê-lo cumprir e os conflitos de atribuições ou jurisdições entre elas suscitados não permitiriam, de fato, sistemas administrativos adequados à realidade brasileira, facilitando ainda abusos dos governantes, e, sem dúvida, excessos do povo[32].

De um modo geral, ao governador e capitão-general da Capitania, nomeado pelo rei, com mandato de 4 anos, compete governar as armas e presidir as juntas da Justiça e da Fazenda com "inspeção sobre o estado político"[33], de acordo com regimentos aprovados pelo rei[34]. As juntas já citadas completam sua ação, com-

rigorismo de uma legislação que não atendia às especialíssimas do meio", acrescentando que "na América portuguesa como na espanhola é notável o descaso pelas leis da metrópole em tudo que colide com o interesse dos colonos", e ainda, p. 156, "os juízes davam o exemplo do desrespeito à lei". Afonso dos Santos em "Natureza jurídica dos quintos", *Rev. A.P.M.* 1937, confirma: "As leis portuguesas do tempo representavam uma combinação muito difícil entre os usos, costumes e leis da época feudal com o espírito imperialista do Direito Romano; mistura impossível, de conseqüências funestas e da qual seria baldada a tentativa de um sistema lógico de legislação". Sobre o assunto, ver ainda: "Instrução do Ministro Martins de Melo e Castro para o Visc. de Barbacena" (1788), item 25, em *Rev. I.H.G.B.* 1844, p. 12, e Manuel Inácio de Melo e Sousa em "Administração da Justiça em Minas Gerais", em *Rev. A.P.M.*, 1898, p. 5. O sistema, versado assim, por vários autores, com minúcias, é aqui descrito apenas em suas linhas gerais, sumária e esquematicamente.

30. Ver Martinho de Melo e Castro cit. por A. de Lima Júnior, *op. cits.*, p. 176: "em lugar de administrarem a justiça, fazem dela tercedor para os seus sórdidos e particulares interesses..."

31. Vitor Silveira, em *Minas Gerais em 1925,* cita a ordem de 3 de novembro de 1801, expedida de Lisboa ao Governador de Minas, "mandando facilitar a Francisco José Monteiro os meios de tirar sua filha, violentamente roubada pelo ouvidor Antônio Soares da Mota e Silva". Saint-Hilaire em *Viagens pelas Capitanias do Rio de Janeiro e Minas Gerais,* v. I, p. 158, acrescenta que "a venalidade caracteriza os serventuários da Justiça".

32. O Governador Fernando Martins Mascarenhas que, em 1709 tenta, *v. g.,* restabelecer a ordem perturbada pelos conflitos entre paulistas e emboabas, é hostilmente recebido e praticamente expulso da região.

33. J. J. Teixeira Coelho em "Instrução para o governo etc.", em *Rev. A.P.M.,* ano VIII, p. 431.

34. Em Minas adotou-se o do Rio de Janeiro de 1697, cf. Ordem Régia de 31.1.1712, apesar de ter Assumar solici-

postas de provedores, ouvidores, procuradores, escrivães, intendentes (cargo criado em 1750), tesoureiros, etc. A esta se juntaram ainda os juízes ordinários, de fora, de sesmarias, eclesiásticos e de vintena. Mais tarde, novas juntas são criadas, por exemplo, para sentenciar penas capitais aplicáveis a bastardos, carijós, mulatos e negros[35]. Em última instância, vetando resoluções, corrigindo-as, impondo-as, às vezes, completavam o aparelho judiciário e administrativo a Casa da Suplicação, o Conselho Ultramarino e as Relações[36].

Nas vilas a administração é exercida pelo Senado da Câmara, anualmente eleito por votação indireta entre os "homens bons do povo" e composto de dois juízes ordinários, três vereadores e um procurador, competindo aos almotacés fiscalizar suas resoluções e as leis gerais aplicadas aos municípios[37].

Evidentemente, sistema assim complexo não funcionaria facilmente, complicando-se ainda pela vastidão dos territórios que competia aos governadores dirigir. Por isso, compreendendo o rei que o governador da Capitania do R. de Janeiro e S. Paulo "com assistência das Minas falta necessariamente a que deve fazer na cidade de S. Sebastião da que não se deve apartar em ocasião que importe mais" ao real serviço, lhe ordena "que não possa ir às ditas Minas" sem sua especial ordem[38].

Desde logo fica assim demonstrada a necessidade da criação de uma nova Capitania, independente da do Rio de Janeiro, iniciativa que, com o aumento das

tado um regimento próprio para as Minas, cf. *A.P.M. S.G. cód. 4*, p. 781.

35. Para o cumprimento das sentenças capitais são erguidas forcas, a de Vila Rica estabelecida nas Cabeças e depois, em um morro isolado, fronteiro ao de Santa Quitéria, cujo topo mais tarde se terraplanou. Referências a estas forcas encontram-se esparsas por vários documentos, por exemplo, quanto à sua segurança — *A.P.M. CMOP, cód. 51*, p. 36 (1745) ou às suas cordas — *A.P.M. CMOP id.*, p. 96 (1748).

36. A do Rio de Janeiro, cf., *A.P.M. S.G. cód. 44*, p. 5, solicitada pelas Câmaras de Vila do Carmo e Vila Rica, em virtude da distância em que se colocava a da Bahia.

37. Sobre o assunto, ver Paulo T. Barreto, "Casas de Câmara e Cadeia", capítulos I e II e nota prévia às "Atas da Câmara Municipal de Ouro Preto". *Rev. A.P.M.*, 1937, p. 3.

38. "Regimento mineral" de 1702 em *Rev. A.P.M.*, ano I.

populações e as naturais dificuldades de mantê-las em sossego, torna-se, com o tempo, indispensável.

Concretiza-se, afinal, com a nomeação de Antônio de Albuquerque para governador da nova unidade administrativa[39]. A 8.4.1711 funda Albuquerque a Vila do Carmo, nela instalando a capital da Capitania de S. Paulo e Minas do Ouro.

### 4. Criação da Vila

Passando à região do ouro preto "para que seus moradores e os mais de todo o distrito pudessem viver arreglados e sujeitos com toda alva forma às leis de justiça" e atendendo "as riquezas que prometiam as minas que há tantos anos se lavram nestes morros e ribeiros e ser a parte principal destas minas onde acode o comércio e fazendas que dele mana"[40] em junta geral, realizada a 11.7.1711, determina que no arraial de N. S. do Pilar[41] "junto ao de Antônio Dias, se fundasse a Vila pelas razões referidas, pois era sítio de maiores convivências que os povos tinham achado para o comércio"[42].

Convém frisar a preferência pelos arraiais de maior comércio em prejuízo dos mais auríferos, dos quais não se cogita no auto de ereção, senão de passagem, fato que não se repete com a criação das demais vilas da época, condicionadas ainda à obrigação de "concorrerem os ditos moradores para a fábrica da igreja, elevando Câmara e Cadeia como era estilo e pertencia a todas as repúblicas"[43].

Esta última exigência, ao contrário, não aparece no auto de ereção de Vila Rica.

Atendendo ainda Antônio de Albuquerque, pouco depois de sua criação, que a

39. Carta régia de 9.11.1709 em *A.P.M., S.G. cód. 5*, p. 23.
40. Auto de ereção de Vila, Rica, em *Rev. A.P.M.*, ano II, p. 84.
41. Augusto Veloso em "Dados legislativos concernentes a Vila Rica" em *Bicent. de Ouro Preto*, p. 123, chama aos povoados que originaram Vila Rica de arraiais das Minas Gerais de Ouro Preto.
42. Auto de ereção de Vila Rica, idem.
43. Auto de ereção de Vila do Carmo, em *Rev. A.P.M.*, ano II, p. 81.

vila se achava sem ter recreio nem terra alguma, assim para a criação dos gados como para venda e aforar aos moradores... e... porque da passagem do ribeirão até terreno da dita vila e da serra do Itacolomi até a de Antônio Pereira, correndo até entestar com o Cap. Manuel de Matos se achava muita terra devoluta, a qual era necessária para este senado e a queria por sesmaria, com todos os campos, seus cantos e recantos,

há por bem

fazer mercê aos ditos oficiais da Câmara, em nome de Sua Majestade a quem Deus Guarde de lhes dar por sesmaria a terra que pedem[44].

Só em 1736, porém, isentando do foro os que até então não o pagavam e as terras mineiras, confirma o rei a doação, limitando-a, todavia, a uma

légua de terra em quadro, a qual fará pião no pelourinho da dita Vila, correndo para todas as partes na distância de meia légua[45].

O pelourinho da Vila e os marcos de sua sesmaria são a princípio simples esteios de madeira só substituídos por outros de "pedra de itacolomi da melhor rija e branca"[46] em 1747, assentando, os ditos marcos "um no caminho das Lavras Novas, outro no Tripuí, outro em São Bartolomeu"[47], e o pelourinho em frente à Câmara, de onde em 1797 é transferido para a "praça fronteira às casas do Dr. Ouvidor Geral"[48].

## 5. Casas dos governadores e da Câmara e Cadeia

Quando em Vila Rica, assistem os governadores em casas cedidas por particulares, dentre as quais a especialmente construída para D. Pedro de Almeida por Henrique Lopes, depois conhecidas como Palácio

44. Carta de sesmaria transc. no *Bicent. de Ouro Preto*, p. 127.

45. *Ib.*, p. 128.

46. *A.P.M., C.M.O.P., cód. 53*, 63-v.

47. *Ib.* Um desses marcos, identificado pelo A., acha-se hoje no Museu da Inconfidência.

48. *A.P.M., C.M.O.P., cód. 120*, p. 199. Em 1855 um dos vereadores da Câmara de Ouro Preto (*A.P.M., cód. 503*, s/n) pede a demolição do pelourinho, solicitação que é aprovada em 1857 (*APM, CMOP, cód. 516* s/n) pelo Ministério do Império.

Velho[49] e que por pesquisas realizadas pelo A. por incumbência da DPHAN talvez se identifique em umas ruínas situadas entre as Lajes e uma ponte chamada do Palácio Velho, em local denominado, por escritos da época, "Morro de Henrique Lopes" (Fig. 2). Esta conclusão se confirma pela tradição, pela muito especial e boa fatura da alvenaria, principalmente dos altos muros, pelas indicações típicas de sua ancianidade, tais como a estruturação dos vãos, sem lancis, substituídos por ressaltos na própria canga em grandes blocos que os circundam e finalmente pelo aparecimento de seteiras, evidentemente militares, nos paredões que delimitam o pátio de entrada. Nas imediações encontram-se também as lavras e indícios do chafariz relatado pelos documentos coevos. Ainda nas vizinhanças eleva-se uma casa em bom estado de conservação que, por indícios semelhantes e certo apuro de acabamento, talvez tenha sido a de residência do próprio Henrique Lopes.

Eleitos os primeiros juízes e vereadores locais que, daí por diante, periodicamente renovados, se responsabilizariam pelas "obras indispensáveis para o cômodo dos habitantes" e ainda pelas "que servem para melhor e mais elegante decoração"[50] da Vila, reunem-se estes representantes do povo, a princípio em casas particulares que "servem de Câmara"[51]. Cedo, porém, providenciam edifício próprio, onde melhor se acomodassem, resolvendo, por exemplo, em 1712, "que se arrematasse a Casa da Câmara que andava em praça"[52], casa

49. "Diário da Jornada que fez o Sr. D. Pedro etc." (1717) Arq. Col. de Lisboa, cf. cópia publicada na *Rev. SPHAN*, n. 3, p. 314. Temendo as rebeliões constantes da época, tenta depois o Conde de Assumar instalar-se em Cachoeira do Campo (*A.P.M., SG., Cód.* 4, fls. 890), local que lhe parecia mais adequado à defesa e às necessidades da administração, mas, a moradia que ali se construiu (inscrição ainda existente no lugar consigna a data de 1731) serviria apenas como casa de campo dos governadores. Ver sobre o assunto "Monografia da Freguezia de Cachoeira do Campo". *Rev. AMOP* 1908, p. 102.
50. *AMP, CMOP, cód. 120-A*, p. 157 — (1797).
51. "Atas da Câmara Municipal de Ouro Preto", em *Anais do Bibl. Ncional* 1927, p. 227. Documento do *APMSG, cód. 62*, p. 53, acrescenta "que não era decente que havendo muitos particulares nelas com casas pobres andassem os oficiais públicos pedindo por empréstimo uma loja".
52. "Atas da Câmara Municipal de Ouro Preto" em *Anais da Bibl. Nac.* v. XLIX, p. 237.

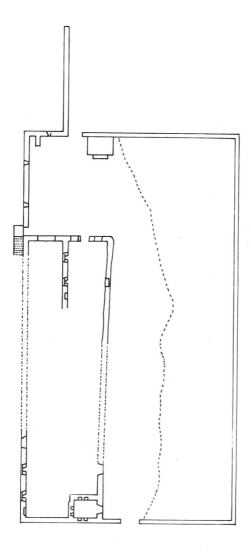

Fig. 2

Casa dos Governadores, projetada pelo Brigadeiro Alpoim e construída por Manoel Francisco Lisboa a partir de 1745; foi a primeira a usar vergas curvas nas janelas e o itacolomito local. As construções laterais, avançadas sobre os terraços de guarda, são acréscimos posteriores.

Fig. 3.

esta que, dois anos após, já estava em parte concluída como se pode depreender do acórdão mandando pôr em concorrência a "nova cadeia e outro lance igual ao da Câmara para nele se fazerem as audiências"[53].

Com isso a cadeia que, por sua vez, vinha sendo localizada em construções precárias, passaria a integrar-se no edifício da Câmara, já instalado na Praça, aproveitando seu primeiro pavimento[54].

Todavia, esta iniciativa parece não se ter objetivado, tendo-se em vista as sucessivas arrematações e anulações tornadas sem efeito[55], continuando a cadeia em 1720, segundo se infere do testemunho de Assumar, a ser a única construção ainda de palha da Vila[56].

Intenta-se, depois, a construção de obra nova que, entretanto, também se retarda por imposição do governador que a proíbe, em virtude da magnificência com que pretendiam erigi-la, enquanto sobre o assunto consulta o rei[57]. Com a saída do Conde de Assumar, por "estar danificada...", em "ruína conhecida e que pedia conserto grande", sendo que "com pouco mais se poderia fazer cadeias em que mais segurança estivessem os presos"[58] fica, afinal, assentada a nova sede do governo municipal, iniciada em 1723 e que, excetuadas as que se aproveitaram de casas de particulares, seria a segunda da Vila.

Por esta época, passando as Minas a constituir uma capitania independente, D. Lourenço de Almeida,

53. *Ib.*, p. 344. A primeira cadeia da Vila tem sido localizada por vários autores na freguesia de N. Senhora do Pilar. Os tombamentos realizdos pela Câmara fazem, porém, referências a este imóvel em Antônio Dias onde corre a "Rua da Cadeia Velha" continuada pela "Rua de trás da Matriz de Antônio Dias", a atual "do Aleijadinho". Não se pode apurar, contudo, se estas anotações se referem à primeira ou à segunda cadeia do lugar, já na Praça, junto à Casa da Câmara. Ainda em 1720 não estava feita a Câmara e Cadeia (*Ats da CMOP, Rev. APM* 1937, p. 157).

54. "Atas da Câmara de Ouro Preto" em *Rev. APM*, 1937, p. 157.

55. Assim a de 15 de março de 1719, arrematada por João Ferreira Diniz por 9000 oitavas, a de 10 e a de 20 de maio do mesmo ano, aumentando o preço para 11300 oitavas, etc. (*Atas da CMOP em Rev. APM*, 1937, p. 102 e ss.).

56. *APM, SG, cód.* 4, p. 781.

57. *Ib.*

58. *APM, CMOP, cód. 13*, 70-v. (1723).

seu primeiro governador, de viagem para Vila Rica, escreve à sua Câmara

como El Rei Nosso Senhor resolveu que esta Vila fosse a cabeça das Minas me ordena que nela hei de tomar posse do governo e assim me é preciso dizer V.ms. que me mandem ter casas prontas para eu haver de me acomodar nelas[59].

Utiliza-se, porém, do mesmo Palácio construído por Henrique Lopes que, por morte, o deixa para a instituição de um hospital[60].

Nesta emergência, Gomes Freire de Andrade, então governando a Capitania, providencia nova casa onde se instalar, para isso adaptando as que "foram da fundição...", mandando "fazer uma casa sobre a do despacho e outra sobre a das fieiras"[61].

Mais tarde, não atendendo estas casas, sucessivamente adaptadas e reconstruídas, às necessidades do governo, são substituídas integralmente por edifício novo, "que com aparência de casa tem a segurança e utilidade de fortaleza"[62], projetado pelo Sargento-mor engenheiro José Fernandes Pinto Alpoim[63].

59. *APM, CMOP, cód. 6*, p. 27 — (1721).

60. *APM SG Cód. 63 fls. 38* — (1735). De acordo com a tradição portuguesa, que sempre fez erguer hospitais em seus domínios, desde cedo se cogitou em Vila Rica da ereção de sua Santa Casa de Misericórdia que, todavia, só por impulso consubstanciado pelas doações de Henrique Lopes pôde ser concretizada. Em 1733, toma posse o Senado da Câmara do legado e em 1735 pede Gomes Freire ao rei que autorize a iniciativa, tomando-a sob sua proteção (*Rev. APM* 1913, p. 85), ao que este acede em 1738 (*APM SG cód. 63*, p. 65), estabelecendo que a irmandade responsável se reja pelo mesmo compromisso de sua congênere do Rio de Janeiro. Recomenda ainda, com alto espírito de humanidade que, no tratamento dos enfermos, não haja qualquer diferença entre "nobres e mecânicos". Entra, assim, a instituição a funcionar em casas para tal fim adaptadas, porém não identificadas. Com maiores possibilidades muda-se depois para uma chácara nas Cabeças, enquanto, parece, se construía sua sede na Praça, atribuída ao mestre Manuel Francisco Lisboa. Em razão dos ventos que a castigavam, passa a funcionar em prédio situado na Rua Nova da Paz e que antes servira para os Bispos de Mariana quando na Vila, transportando-se, finalmente, para a Chácara do Xavier, onde ainda se encontra. Sobre o assunto ver Feu de Carvalho em *Rev APM* 1924, p. 341.

61. *APM SG cód. 63*, p. 38.

62. *Rev. APM. t. III*, p. 85-88, Regimento dado por D. João V ao Governador Martinho de Mendonça.

63. *Rev. APM*, 1901, p. 572 e ss., Termo de Arrematação do Palácio.

Construído entre 1740 e 1750, este Palácio serviu, com pequenas obras de conservação e acréscimos, entre as quais a de uma capela em 1784[64], e a construção das casas sobre os baluartes, a todos os governadores e presidentes que, daí por diante, dirigiram a Capitania e a Província[65].

Acompanhando o surto de progresso que então se desenvolvia na Vila, cuidam também os vereadores de edificar novo edifício para o governo municipal, autorizando o rei, em 1730, que fosse ele de "pedra e cal"[66]. Incumbem-se os riscos da construção ao mesmo Sargento-mor Alpoim e arremata as obras, em 1745, o mestre Manuel Francisco Lisboa[67]. Todavia, não se objetiva a intenção a não ser mais tarde, em 1784, com prospecto novo, do Governador Cunha Menezes, que dá também grande impulso à iniciativa[68].

## 6. *Elevação da Vila a Cidade*

Animados pelo desenvolvimento do lugar, solicitam os vereadores ao rei, em 1714, que eleve a Vila à categoria de cidade, concedendo-lhe os "mesmos privilégios de que gozam os cidadãos de S. Paulo"[69]. Consultado, porém, o Governador Gomes Freire de Andrade, opina este que não lhe parece ter o Senado feito à S. Majestade "tão relevantes serviços que seja merecedor de uma tão especial graça"[70], aconselhando, assim, o indeferimento do pedido.

64. *APM CMOP,* liv. 256, p. 81.
65. Com a mudança da Capital do Estado para o Curral-del-Rei, passou o prédio a servir à Escola de Minas e Metalurgia.
66. *APM CMOP cód. 53,* p. 5.
67. *APM CMOP cód. 53,* p. 4.
68. *APM SG cód. 233, fls. 182.* Sobre o assunto estenderam-se: Feu de Carvalho em Reminiscências de Vila Rica, *Rev. APM* ano XIX, 269, Paulo T. Barreto em *Casas de Câmara e Cadeia* e, ainda inédito, Francisco Lopes em *Casas de Câmara e Cadeia de Vila Rica.* Acrescentem-se as *Cartas Chilenas.* O edifício, em 1911 transformado em Penitenciária do Estado, serve hoje ao Museu da Inconfidência.
69. *APM SG CMOP cód. 73,* p. 56.
70. *Ib.* Diogo de Vasconcelos, a propósito, explica que para manter os direitos de senhoriagem nas terras conquistadas, como Rei e Grão-Mestre da Ordem de Cristo, não convinha elevar as povoações à categoria de cidade, assim emancipando-as. Essa iniciativa só era tomada quando havia necessidade de

*31*

Só a 20 de março de 1825, com as demais capitais de províncias, título que mantém até 1897, é Vila Rica elevada por D. Pedro I a "Imperial cidade de Ouro Preto"[71].

instalação de bispados, que só podiam ser criados em terras livres. Clado Ribeiro Lessa, tradutor das *Viagens pela província do Rio de Janeiro e Minas Gerais* de Saint-Hilaire, em nota 102-A, (p. 154, v. 1.), contraria a afirmativa, citando, entre outros, o caso de Olinda, com bispado desde 1676, mas ainda vila em 1817; S. Paulo já cidade em 1712 e com bispado só instalado em 1746, Cabo Frio cidade desde sua fundação, porém sem bispado, etc. Todavia, o próprio auto de elevação a cidade da Vila do Carmo, parece confirmar Diogo de Vasconcelos, quando diz: atendendo "a que a Vila do Ribeirão do Carmo é a mais antiga das Minas Gerais e fica em sítio muito cômodo para uma das duas catedrais que tenho determinado pedir a S. Santidade..." (*Rev. APM* 1902, p. 948).

71. Carta Imperial transcrita, por exemplo, em *Minas Gerais em 1925,* p. 684.

## 2. O MEIO SOCIAL

### 1. *Povoamento*

A emigração intensa, composta, evidentemente, em sua maioria, de aventureiros de ânimo forte e ambição maior, dificilmente seria controlável por normas de moral ou de direito, enquanto não se estabelecessem os fundamentos sociais e a boa ordem administrativa e judiciária.

Chegam homens das mais diversas procedências e raças: paulistas afeitos à vida rude, experimentados no sertão e na caça do índio, brasileiros do norte, boiadeiros, vadios do litoral, ciganos, judeus e cristãos-novos[1], uns e outros prontos para a guerra e para a desobediência.

De outro lado, seriam pouco acomodados os portugueses que para cá se aventuraram[2], deixando na terra os mais tímidos e prudentes; calejados, muitos, das lidas do mar, no comércio com o Oriente e nas guerras em que se vinha empenhando a Metrópole. Juntam-se a estes os negros, em grande número, trazidos à força, prontos à rebeldia, fugindo para os quilombos, embriagando-se nas vendas e, vadios depois, pela falta de trabalho, na decadência das minerações.

Do elemento indígena, não há referências. Libertados da servidão por ordem régia, indolentes por natureza, ferozes alguns e, em geral resistentes aos duros trabalhos das extrações, não seria proveitosa a sua utilização.

Em todo o caso, a população das Minas,

cheia de vigor e de força, capaz de grandes cometimentos, pronta ao sacrifício, ciosa da liberdade, inteligente e esforçada[3],

concentrada em poucos pontos do seu território, aumenta vertiginosamente na primeira metade do Setecentos, despovoando o litoral, e mesmo o reino, e tornando difícil a previsão dos meios adequados à manutenção da ordem pública. Convém salientar a forte tendência urbana dos povoadores das Minas, manifestada mesmo pelos que se entregavam a trabalhos rurais, a maioria não dispensando casas no arraial, ainda que para desfrutá-las apenas nos dias de folga[4].

1. A. de Lima Júnior, *op. cit.*, p. 76.
2. Mais de 20 000 por ano entre 1705, Cf. A. de Lima Júnior, *op. cit.*, p. 79.
3. Lúcio dos Santos, "A Inconfidência Mineira", *Bicent. de Ouro Preto*, p. 27.
4. Miran de Barros Latif, *As Minas Gerais*, p. 118. "Trabalha-se a semana nas lavras mas, chegando o domingo, o minerador reintegra-se na vida citadina". À p. 116; "por pequenos que sejam os lugarejos, as construções, mesmo quando muito pequenas, mostram-se sempre rigorosamente citadinas". Aliás, muitas fazendas, principalmente do século XIX, em Minas, copiam os rígidos sobrados urbanos, desprezando as soluções tradicionais, de menor pretensão, porém muito mais adequadas à sua finalidade. Ainda hoje casas rurais mineiras imitam as urbanas, inclusive com impropriedades graves como as platibandas, imposição clara de tangenciamento a vias públicas, ligadas a técnicas e materiais de construção mais resistentes às intempéries.

Infelizmente, não são conhecidos dados seguros desta população e apenas referências esparsas suprem as lacunas dos censos regulares. Pelo tombamento de 1734, por exemplo, são anotadas em Vila Rica, entre o Passa-Dez e o Pe. Faria, 538 casas ou sejam, 4304 habitantes, à razão de oito por moradia[5]. Esta indicação, porém, deve referir-se apenas à população livre, proprietária dos imóveis recenseados, excluídos os escravos dela dependentes.

Para 1742 Eschwege anota 80 000 homens livres e 186 868 escravos, em toda a Capitania, num total de 266 868 habitantes[6]. Já em 1776, este total passa a 319 769; brancos 70 664, mulatos 82 110 e 166 995 pretos[7]. Por este mesmo ano, moram na Comarca de Vila Rica 78 618 pessoas, das quais 12 679 brancas, 16 791 pardas e 49 149 pretas[8].

Dez anos depois, em 1786, a população da Capitania é de 393 698 habitantes, subindo a 433 049 em 1808, para atingir meio milhão, às vésperas da Independência[9].

Mais tarde, em 1801, José Vieira Couto atribui a Vila Rica uma população de 20 000 almas[10] que, em 1813, atinge, em toda a Comarca, 72 880, segundo Joaquim Dias Bicalho[11]. Saint-Hilaire, em 1816, avalia a população de Vila Rica, em apenas 8000 habitantes, distribuído em 2000 casas[12].

Em 1830, na cidade de Ouro Preto contam-se 1702 fogos ou 13 616 almas e em todo o termo 3575 fogos, comportando 28 600 moradores[13].

Os dados disponíveis sobre a população de Vila Rica e da Capitania são, em geral, como os citados,

5. *APM* Livro do Tombo n. 38, *CMOP*, p. 21 e ss.
6. W. E. von Eschwege, *Pluto Brasiliensis*, 2. v., p. 455.
7. "População da Província de Minas Gerais", *Rev. APM*, Ano IV, p. 294.
8. José Joaquim da Rocha (?), "Memórias da Capitania das Minas Gerais" in *Rev. APM*, Ano II, p. 511.
9. "População da Província de Minas Gerais", *Ib.*, p. 294.
10. "Memória sobre as Minas da Capitania das Minas Gerais", in *Rev. APM*, Ano X, p. 77.
11. "População da Província de Minas Gerais", *Ib.*, p. 293.
12. *Op. cit.*, 1. v., p. 130.
13. Luís Maria da Silva Pinto, "Relação das Cidades, Vilas e Povoações da Província de Minas Gerais com declaração, etc.", in *Rev. APM*, Ano II, p. 18.

falhos e insuficientes para permitirem conclusões seguras a respeito do seu desenvolvimento demográfico, considerado em áreas e classes definidas. Apenas permitem avaliações sumárias que, pela segunda metade do século XVIII, consignam 400 000 pessoas na Capitania, 70 000 no termo e 25 000 em Vila Rica[14], totais que decaíram no decorrer da centúria, principalmente quanto à cidade de Ouro Preto que, em 1902, já privada de sua condição de capital da província, só dispunha de 1553 prédios e 10 000 habitantes[15].

## 2. Sociedade

Esta população, assim variável, heterogênea e irrequieta, teria que determinar uma sociedade também pouco estável, e

bem se pode considerar o estado em que se achavam as Minas por todo este tempo, em que só o despotismo e a liberdade dos facinorosos, punham e renovavam as leis a seu arbítrio. O interesse regia as ações, e só se cuidava em avultar em riquezas, sem se consultarem os meios proporcionados a uma aquisição inocente: a soberba, a lascívia, a ambição, o orgulho e o atrevimento tinham chegado ao último ponto[16].

É tamanha a desordem, que fere o senso moral do jesuíta Antonil, a ponto de anatematizar que

nem há pessoa prudente que não confesse haver Deus permitido que se descubra nas Minas tanto ouro para castigar com ele ao Brasil[17].

De 1710 a 1720, por exemplo, as sedições são quase contínuas na região, a começar pela dos paulistas e emboabas, a que se sucedem a de 1712 em Vila do Carmo, com a expulsão do Desembargador Antônio da Cunha Soto Maior; a de 1715, na mesma Vila,

14. Segundo Pohl, *apud* Taunay, *op. cit.*, p. 225, apenas 86000. É possível que Pohl se refira apenas à povoação propriamente dita, enquanto a avaliação maior diz respeito ao município. Calógeras, *op. cit.*, p. 78, aceita que a população da Vila tenha atingido 100 000 pessoas.

15. Moreira Pinto, "Ouro Preto", in *Jornal do Comércio* de 16.11.1902, transc. na *Rev. APM,* ano XI, p. 697.

16. "Memória Hist., da Cap. das Minas Gerais", em *Rev. APM,* ano II, p. 431. Texto idêntico encontra-se no *Fundamento Histórico do Poema Vila Rica* de Cláudio Manuel da Costa, Ouro Preto (1897), XX.

17. *Op. cit.,* transc. *Rev. APM,* ano IX, p. 548.

com a fuga do Ouvidor, quase assassinado, D. Manuel da Costa Amorim; a de 1716, do Morro Vermelho; a de 1719, felizmente frustrada, dos escravos, e finalmente, a de 1720, com Filipe dos Santos, que também repercute em Pitangui.

Não é sem custo que os governadores, mesmo dispondo de tropa armada[18], conseguem firmar sua autoridade, por vezes vendo-a ofendida e só resguardada a custo de negaças e circunlóquios, como na revolta de 1720, e de enérgicos castigos, como em 1789.

Prendem-se as autoridades, menoscabam-se as leis, só se acalmando o povo com promessas de perdão e de anulação das ordens a que não se desejava sujeitar. Mesmo no Império os ânimos se mantém exaltados e, em 1833, por exemplo, Bernardo de Vasconcelos, na vice-presidência da Província, é expulso da Comarca, só pela força armada conseguindo restabelecer a ordem legal que pouco depois, em 1842, novamente se perturbaria com as lutas entre os conservadores e liberais.

Das Minas e seus moradores bastava dizer o que dos do Ponto Euxino, e da mesma região afirma Tertuliano: que é habitada de gente intratável, sem domicílio, e ainda que está em contínuo movimento, é menos inconstante, que os seus costumes: os dias nunca amanhecem serenos: o ar é um nublado perpétuo: tudo é frio naquele país, menos o vício, que está ardendo sempre. Eu, contudo, reparando com mais atenção na antiga e continuada sucessão de perturbações, que nela se vêem, acrescentando que a terra parece que evapora tu-

---

18. Para as forças militares que já haviam sido autorizadas a Albuquerque, em sua carta de nomeação construíram-se quartéis em vários pontos da Capitania, dentre os quais o de Vila Rica riscado pelo Capitão dos Dragões José Rodrigues de Oliveira, em 1722. Os soldados a princípio aboletaram-se em casas particulares *(APM SG, cód. 23,* 52v.) ou alugadas *(APM SG cód. 23,* 26v.) até que, em 1722, D. Lourenço de Almeida tem "resoluto fazer quartéis... no alto da Câmara" por meio de donativos *(APM, CMOP, cód. 21,* p. 14), pondo-os de fato em praça a 18 de fevereiro do mesmo ano *(APM, CMOP, cód. 14,* p. 14). Estes quartéis foram sucessivamente reconstruídos, reformados, e ampliados *(APM, SG, cód. 23,* p. 171, (1728); *CMOP, cód. 30,* p. 13 (1732); *CMOP, cód. 53,* p. 69 (1747); *CMOP, cód. 53,* p. 177 (1752); *CMOP, cód. 95,* p. 244 (1785). Ampliados inclusive com cavalariças que se construíram em 1735 junto à Casa de Fundição *(APM, DF, cód. 16,* p. 171) até que, em 1798 *(APM, CMOP, cód. 120-A,* p. 190) novas casas para eles são cogitadas e de fato construídas na Rua das Flores, onde hoje funciona um grupo escolar da cidade.

multos: a água exala motins: o ouro toca desaforos: destilam liberdades os ares: vomitam insolências as nuvens: influem desordens os astros: o clima é tumba da paz e berço da rebelião: a natureza anda inquieta consigo, e amotinada lá por dentro, é como no inferno[19].

Com esta barbaria tão cruamente evidenciada, procuram os governantes justificar as violentas repressões, sem exemplo na história pátria, a que, por vezes, se animam, como o esquartejamento dos réus e subseqüente exposição de seus membros pelos caminhos[20].

A escravatura intensíssima com todas as características das raças de que se compõe, também influiria na formação da sociedade local, aumentando suas tendências desordeiras ou supersticiosas e contribuindo, em grande parte, para a sua singular constituição.

Habitando vales profundos, entre abrutas montanhas, dominado pela natureza, teria o mineiro que tornar-se melancólico, triste e introvertido, ao contrário do homem das planícies ou do litoral, senhor de largos e submissos horizontes[21]. Explicam-se assim as várias lendas de que se pontilha a história local e as contraditórias reações emocionais, apaixonadas ou submissas, prontas ou retardadas da gente mineira. Das festas a que concorria, aliás mais como espectador que participante, citam-se as comemorativas de datas jubilares, organizadas pela administração, quase impostas ao povo[22] e as religiosas, sem dúvida, mais freqüentes e assistidas mais espontâneamente. Saint-Hilaire[23] e Caldecleugh[24] comparecem a bailes em Palácio, escandalizando-se, o primeiro, com as demonstrações coreo-

19. Conde de Assumar, "Discurso Hist. e Polít. sobre a sublevação que nas Minas houve no ano de 1720", p. 8.

20. Contribuindo para o sossego público, acordam os vereadores em 1720 (*Atas da CMOP, Rev. APM, 1937*, p. 139) "mandar tomar por lista todas as pessoas desta Vila para elegerem 12 homens em cada bairro, a saber: Ouro Preto, Antônio Dias e Padre Faria, para andarem de ronda todas as noites por estas ditas Vilas a sossegar qualquer inquietação que suceder", rondas que seriam comandadas por cabos também escolhidos dentre os moradores pela Câmara.

21. João Camilo de Oliveira Tôrres, *O homem e a montanha.*

22. Casamentos de príncipes (*APM, CMOP, cód. 69*, p. 234 (1760); nascimento deles (*APM, CMOP, cód. 120-A*, 57-v. (1795).

23. *Op. cit.*, 1. v. p. 141.

24. *Apud*, Taunay, *op. cit.*, p. 282.

*38*

gráficas de dançarinas populares[25], saraus que, vez por outra, se repetiam nas residências particulares[26].

Das festividades religiosas, a realizada por ocasião da transladação do SS. Sacramento da igreja de N. S. do Rosário para a Matriz de N. S. do Pilar, constitui exemplo bastante, pois não

há lembrança que visse o Brasil, nem consta que se fizesse na América, ato de maior grandeza[27].

Cavalhadas, com o jogo das argolinhas[28] e a rememoração das lutas entre mouros e cristãos, touradas[29] e comédias atenderiam à natural inclinação dos montanheses pela fantasia[30].

As demonstrações dos cavaleiros se fazem "em secas praias"[31], talvez da Barra ou de "um rio que corre junto à igreja da Matriz"[32] e, as representações teatrais, em tablados armados em praça pública ou no adro das igrejas[33], logo, porém, substituídos pela Casa da Ópera, uma das primeiras que se edificaram no Brasil[34].

Os homens de cor, imitando, como podiam, os grandes do lugar, tinham suas festas à parte, em geral religiosas também, a que não faltavam, por vezes, memorações de passadas glórias, como os reisados e congadas ou reminiscências de cultos pagãos.

Em serenatas noturnas[35] e retretas públicas se manifestava a capacidade musical[36], permitindo ainda

25. *Op. cit.*, 142, referindo-se ao "fandango".
26. Pohl, *apud* Taunay, *op. cit.*, p. 227.
27. *Triunfo Eucarístico*, em *Bicent. Ouro Preto*, p. 246.
28. *Ib.*, p. 245.
29. *Ib.*, p. 245: "...seguiram-se alternadamente 3 dias de cavalhadas, de tarde; 3 de comédia, de noite; 3 de touradas". Ver também *Cartas Chilenas*, p. 209 e ss.
30. Hellpach, *apud* João Camilo de Oliveira Tôrres em *op. cit.*, p. 21, diz: "todos os povos montanheses são, em relação aos usos populares, arte folclórica, crenças populares, de uma fantasia mais rica, mais barroca e viva que os povos das planícies".
31. *Cartas Chilenas*, p. 216.
32. *Triunfo Eucarístico, id.*, p. 245.
33. *Ib.*
34. Diogo de Vasconcelos, *As obras de Arte*, afirma ser "a primeira que se edificou em toda a América do Sul".
35. *Triunfo Eucarístico, id.*, p. 246.
36. Autoridades na matéria, como Curt Lange, em pesquisas realizadas na região de Ouro Preto, surpreenderam-se ao verificar a profusão de organizações musicais, compositores

homenagens a reclusas amadas, e competições literárias, em prosa e verso, confirmariam o lirismo existente ou o ódio em humorismo extravasado.

Dos esportes não há maior notícia que o jogo da bola, de remota tradição[37], realizado em Vila Rica nos terrenos posteriores à igreja de N. S. do Rosário[38].

Nas horas tormentosas, não se esquece também o mineiro, sozinho ou em grupos, de implorar a proteção divina contra as dificuldades e temores que o afligem, dirigindo estas preces às imagens de nichos ou de oratórios, particulares ou públicos, colocados, geralmente, nas esquinas ou encruzilhadas, oratórios estes que proporcionariam, por meio de suas velas, candeias, candeeiros ou lampiões, a primeira iluminação pública do lugar[39].

E não se limitava a resguardar somente os seus interesses privados, somando-os sempre, com alto espírito de comunidade, aos da povoação, da qual, evidentemente, dependia. Em suas preces, invocando a proteção divina, não deixava de esperar, também, "da Virgem Maria Mãe da Piedade" pelas dores que teve ao pé da cruz "piedade e misericórdia..." "compaixão..." "para o progresso e a vida do Ouro Preto", acrescentando: "pelo vosso filho, que traz (eis) morto

e executantes nela existentes, dentre os quais se salienta o Pe. José Maurício Nunes Garcia, os quais na capitania "são tantos que certamente excedem o número dos que há em todo o reino", conforme acrescenta J. J. Teixeira Coelho, (*op. cit. Rev. APM,* v. VIII, p. 561). Vários são também os professores de música da região, que como os artistas, são, na maioria, mulatos. Veja-se, por exemplo, "Manuel Teixeira Romão, homem pardo, professor de arte de música", testemunha de Ataíde em ação movida contra Francisco Julião Moureira (Cartório do 1.º Ofício de Ouro Preto, Maço 40, Fls. 114). Como exemplo dos conjuntos musicais da época pode ser citado o que serviu a Câmara durante o ano de 1775, assim composto: 1. 1.ª rabeca; 2. 2ªs rabecas; 1. rabecão; 1. 1.ª trompa; 1. 2.ª trompa e 1 voz de baixo, 1 voz de tenor, 1 voz de contralto (homem) e duas tiples (Cód. 93 CMOP, p. 42).

37. Diogo de Vasconcelos em *Hist. Ant.,* p. 394.

38. Conforme consta dos inventários e tombamentos da Vila já citados.

39. Em 1831, em virtude das desordens verificadas por ocasião dos festejos religiosos interessados a estes oratórios são proibidos os referidos festejos, e intimado o recolhimento aos templos de suas imagens, conforme *APM, Cód. 250, CMOP,* 74 v.

em vossos braços não esquecei (ai-vos) de nós, e de nossa cidade"[40].

Com a formação das várias classes sociais, tende também o homem a galgar posições cada vez mais elevadas, no que é contrariado pelo pauperismo em que, de certo modo, se debate. Decorre deste conflito o esforçar-se cada um por aparentar riqueza acima de suas posses, derramando-se em vãs ostentações, prejudiciais, na maioria das vezes, ao verdadeiro conforto necessário à família. E quando não pode então a vaidade objetivar-se individualmente, serve-se das iniciativas de cunho coletivo (festas e obras religiosas), cujo êxito serve ao orgulho de seus realizadores.

Prevalecendo-se dos conceitos arquitetônicos, então vigentes, pelos quais as fachadas se consideravam elementos autônomos da construção, os proprietários esforçavam-se sempre por um melhor tratamento das frentes das construções e das peças de recepção, relegando-se a segundo plano o interior das residências. Sofrem as fachadas principais adaptações contínuas, ao sabor das modas sucessivas, enquanto as laterais, com sua cachorrada simples, não só se despem de qualquer ornamentação, como, também, se abandonam às intempéries que as arruínam.

Afonso Arinos de Melo Franco, citando Costa Lôbo, confirma que

"um característico psicológico do português, que deve ter entrado como força componente de nossa civilização material, é o gosto da ostentação",

e acrescenta:

"o fato, contudo, de ser medíocre nos lusos a preocupação do conforto não obstava a que fossem principalmente esmerados no arranjo e construção de edifícios públicos, enquanto viviam em interiores franciscanamente modestos"[41].

Esta tendência a exteriorizações, "mais marcante nas altas camadas sociais" onde "reinavam grande luxo e ostentação"[42], não condizentes com a verdadeira si-

---

40. Súplicas recolhidas na Capela de N. S. da Piedade de Ouro Preto, referentes aos primeiros anos do século atual.

41. *Desenvolvimento da Civilização no Brasil*, p. 22-23. Calógeras, *op. cit.*, 50, acrescenta: "um dos preconceitos dominantes nos potentados desses longínquos tempos era ostentar riquezas".

42. Lúcio dos Santos, "A Inconfidência Mineira", em *Bicent. de Ouro Preto*, p. 31.

tuação econômica do povo, reflete-se, ainda, na indumentária e no mobiliário da época. Enquanto na rua as sinhás transitam ataviadas com o maior requinte e luxo, exibindo fazendas de alto preço, servindo-se de cadeirinhas ou serpentinas decoradas de pinturas finas, carregadas por negros de libré, resume-se por vezes, na intimidade, o vestuário, a simples camisolões e o conforto a rústicos tamboretes de couro cru.

Aliás, os moradores de Vila Rica, como todos os aventureiros sujeitos a fortunas fáceis e repentinas, são sempre perdulários, gastando

em superfluidades quantias extraordinárias sem reparo, comprando (por exemplo) um negro trombeteiro por mil cruzados; e uma mulata de mau trato por dobrado preço, para multiplicar com ela contínuos e escandalosos pecados[43].

## 3. Família

A desorganização social, fruto de uma formação complexa, reflete-se ainda na constituição da família que, se por um lado é extremamente ciosa de sua intimidade e honra, por outro se dissolve no concubinato e na perversão, facilitada pela escravatura[44].

Percebendo o rei que, "os povos das Minas, por não estarem suficientemente civilizados, estabelecidos em forma de repúblicas regulares, facilmente rompem em alterações e desobediências", recomenda, com insistência, que se diligencie "para que as pessoas principais e ainda quaisquer outras tomem estado de casados", porque compreende que só "por este modo ficarão tendo mais amor à terra e maior conveniência do sossego dela e, conseqüentemente, ficarão mais obedientes às minhas reais ordens"[45]. Não havendo, porém, nas Minas, "moças brancas que houvessem de casar", sugere D. Lourenço de Almeida "que se faça diligência porque se introduzam nelas os mais casais que for possível" e que se proíba "que nenhuma mulher do Brasil possa ir para Portugal nem ilhas a serem freiras

43. Antonil op. cit., Rev. APM, Ano IV, p. 547.
44. Luís Monteiro, Governador do Rio de Janeiro, em 1730, apud Oliveira Viana,, cit. por Gilberto Freire em Casa Grande e Senzala, 2. v., p. 516, informa: "não há mineiro que possa viver sem nenhuma negra mina".
45. APM, Cód. 23, SG, p. 6 (1721).

porque... não é justo que se despovoe o Brasil por falta de mulheres"[46].

Servem-se, então, os homens das negras que "usam mal de seus corpos"[47], algumas, a propósito, deixadas em "casas de vendas de comer e beber para convidarem os negros a comprar", retirando-se os seus "senhores... dando os seus passeios..." para que "as negras fiquem mais desembaraçadas para uso dos seus apetites"[48].

Caio Prado Júnior lembra ainda para explicar a escassez de casamentos e a licenciosidade dos costumes, as dificuldades decorrentes da falta de sacerdotes, responsáveis por paróquias imensas, os pesados e mesmo abusivos emolumentos matrimoniais por eles cobrados e os preconceitos de cor impedindo a "regularização de muitas situações extraconjugais", impedimento este, às vezes, reforçado pelas prescrições das Irmandades[49].

O mesmo autor, valendo-se de depoimentos de Hércules Florence, do Marquês do Lavradio e de Saint-Hilaire, mostra ainda como a falta de recursos para o *engodo do dote* ou para a vida honesta levava as mulheres a se prostituírem, assim, concorrendo, também, para a facilidade dos costumes[50].

E não se descuida o povo dos filhos que aos pais envergonhassem, acolhendo-os em roda estabelecida em 1795 pela Câmara do lugar. Na falta de recursos suficientes e de freiras que, no geral, atendiam a este mister, é ele atribuído a um casal que, mediante uma remuneração anual fixa de 100 mil-réis, mantida por finta especial a ser criada, e dispondo de casa no

---

46. *APM, Cód. 23, SG,* p. 109 (1722).

47. *APM, Cód. 35, SG,* (1732).

48. *Ib.*

49. *Formação do Brasil Contemporâneo,* pp. 351 e ss.

50. "Os casamentos e mais ainda as mancebias dos proprietários com mulheres pretas e mulatas têm feito mais de três partes do povo de gente liberta, sem criação, sem meios de alimentar-se, sem costumes e com a louca opinião de que a gente forra não deve trabalhar; tal é a mania que induz a vista da escravatura, unindo-se aos vícios mencionados". (Teixeira de Savedra, Informação da Capitania de Minas Gerais (1805), em *Rev. APM,* ano II, p. 673).

centro da Vila, mas, em rua discreta, dele desejasse incumbir-se[51].

## 4. Religião

Contribui ainda para esse estado de coisas a falta de um sentimento religioso mais autêntico, sem embargo da profusão de ordens terceiras e irmandades, interessadas muitas vezes por outros misteres que não só os espirituais, como os de beneficência e auxílio mútuo[52]. O clero, por sua vez fraco, composto inclusive de religiosos "fugitivos ou apóstatas"[53], sujeito a jurisdições controvertidas e desobedientes aos bispos, entregava-se ao comércio, aos engenhos e mesmo ao contrabando e extravios do ouro[54]. Por isso mesmo várias vezes são tomadas providências para expulsão dos padres menos escrupulosos[54b], sem, todavia, grande êxito, dada a desordem geral reinante nas Minas.

São, pois, as sociedades religiosas leigas que, com o auxílio da Coroa, se responsabilizam pelas igrejas, polarizando, também, as várias classes sociais que se diferenciam em função de suas condições econômicas e sociais[55].

A princípio, nos arraiais, não há classes e o povo se reúne em torno de suas capelas provisórias, eretas por irmandade única.

51. *APM, CMOP, cód. 120* A Fls. 4. v.

52. Francisco Lopes, *Const. da Igreia do Carmo,* p. 96, comprova inclusive o empréstimo de dinheiro a juros pela Ordem 3.ª de N. S. do Carmo.

53. Antonil, *op. cit. Rev. APM,* p. 547. Saint-Hilaire, *op. cit.* 1. v., p. 151, diz: "a simonia não é menos freqüente entre os eclesiásticos". Alcântara Machado em *op. cit.,* p. 183, acrescenta: "mais danosa à religião do que a doutrina herética é a vida escandalosa em que chafurdam os sacerdotes exportados da Metrópole", e continua: "simoníacos e libertinos pinta-os o santo Manuel da Nóbrega em uma das suas cartas (1551), com este grito de horror: têm mais ofício de demônio que de clérigos".

54. Diogo de Vasconcelos, *Hist. Ant.,* p. 301.

54b. Já a carta régia de nomeação de Albuquerque, transc. na *Rev. APM,* ano de 1906, p. 685, mandava "despejar do Distrito das Minas a todos os religiosos que sejam alheios ao estado eclesiástico".

55. Cf. Augusto de Lima Júnior, *op. cit.,* p. 228; também as organizações militares contribuíram para a estratificação das várias classes sociais.

Com o crescimento dos povoados, já entrosados e transformados em vila, a sociedade se estratifica, irmanando-se os seus componentes, por grupos, em organismos próprios, ainda congregados, porém, em torno de um só templo, as matrizes.

Responsável por elas, senhora do altar-mor, é a burguesia, classe então dominante que, heterogênea, se volta ao culto do SS. Sacramento, enquanto os demais altares são dedicados a santos que maior relação tenham com as características peculiares aos grupos a que os referidos altares pertençam.

Ampliadas as linhas divisórias das classes sociais, já perfeitamente definidas e consolidadas, começam a incompatibilizá-las choques e atritos freqüentes e inevitáveis. Algumas afastam-se do convívio comum, reunindo-se, as mais ínfimas, em suas irmandades e confrarias e, as mais elevadas, em ordens terceiras que, com seus templos próprios, contribuem para o descaminho dos recursos econômicos que sustentavam as matrizes[56].

As ordens terceiras de S. Francisco e de N. Sra. do Carmo são de brancos; as confrarias das Mercês, de crioulos; as de S. José e N. Sra. da Boa Morte, de pardos, e a irmandade de N. Sra. do Rosário, dos pretos, salvo a do Padre Faria.

Erguem-se, então, as igrejas, por assim dizer, privativas destas congregações, curiosamente duplicadas, uma para cada freguesia. E se igrejas de classes inferiores, como as do Rosário, puderam ser levantadas com tanta grandeza, deve-se o fenômeno à conjunção de esforços dos seus interessados que supriam com o número o pouco valor de seus donativos.

Datam também desta época as reconstruções, já em pedra e cal, das provisórias capelas periféricas.

Com a decadência das minerações, fortemente acentuada no fim do século XVIII, instabilizam-se as fortunas e as posições, abalam-se os orgulhos e, já no século XIX, volta o povo para as suas matrizes que,

---

56. Verifica-se também que, ao contrário das demais povoações da época, as casas mais importantes, o comércio, o centro da Vila, não se polarizaram em torno das Matrizes, ou pelo menos delas se desligaram, na 2.ª metade do século XVIII.

depois de largo período de relativo abandono, são reformadas, readquirindo sua anterior importância.

## 5. *Economia*

### a. Ouro

As minas de ouro, em Minas Gerais, concentraram-se em grande parte, sobre os flancos da serra do Espinhaço. Esta grande cadeia de montanhas, que forma o maciço central do Estado, tem uma direção N-S, seguindo uma linha sensivelmente meridiana, passando pelo Rio das Mortes, Ouro Preto e Diamantina e separa as águas da bacia do Rio Doce, a este, das da bacia de S. Francisco, a oeste[57].

Em Vila Rica foi este outro explorado por vários sistemas todos mais ou menos precários, a começar pela lavagem das *faisqueiras,* depósitos aluvionais que se encontram nas margens dos cursos d'água. Atacam-se também os leitos destes cursos, retirando-se suas areias por meio de enxadões, os almocafres, desviando-se as águas por meio de canais paralelos ou esgotando-se, manualmente ou com o auxílio de rodas ou rosários, trechos previamente estancados com paliçadas. Manuel Pontes, em 1725,

aperfeiçoou o invento das rodas com que se esgota água das catas que se fazem nos rios destas Minas, com cujo invento, depois que foi aperfeiçoado pelo dito Manuel Frz. Pontes, se tem extraído muito ouro.

pelo que lhe é dado o privilégio de fabricá-las[58].

Em seguida, avança-se pelo morro acima, nos *tabuleiros* e *grupiaras* em busca das matrizes de onde o metal provinha. É necessário abrir a terra, aprofundar-se nela, em busca dos depósitos e veeiros. Perfuram-se cachimbos, minas com suas galerias e sarilhos ou, com o auxílio das águas, escavam-se talhos a céu aberto, cada vez mais largos, à medida que se aprofundam no solo. Quando as rochas são macias ou friáveis, não é tão difícil o processo, mas, quando se tornam rijas, o trabalho é insano. Facilitando-o, rompem-se estas rochas com explosivos ou por meio de brusca contração, provocada pela água despejada nas rochas previamente dilatadas por aquecimento. A água,

57. Paul Ferrand, *L'Or à Minas Gerais,* p. 21.
58. *APM, Cód. 26 SG,* p. 138. Cláudio Manuel em *Vila Rica,* p. 16, faz referência ao instrumento inventado em 1711 por um clérigo "vulgarmente chamado o Bonina Suave".

aliás, é o elemento indispensável na mineração para a bateia ou para a industrialização posterior com os pilões, sugeridos por Eschwege. Usam-se as águas dos córregos e ribeiros e as de nascentes, trazidas, às vezes, de grandes distâncias, em regos ou canais. Quando é pouca, acumula-se em tanques semi-esféricos ou quase, que aproveitam também as águas pluviais, no tempo próprio. Desmontam-se grandes trechos de morros, acumulando-se em reservatórios prismáticos, os *mundéus,* o material a ser depois, paulatinamente, trabalhado nas *canoas* e *bolinetes,* onde se depositam os elementos mais pesados, inclusive o ouro, enquanto os mais leves são arrastados pelas águas. O material assim concentrado passa depois a outros canais recobertos por panos, baetas ou couros de pêlo, onde o ouro se agarra. Batem-se estes panos ou couros em tanques menores, apurando-se finalmente, o material em bateias, usando-se para reter o ouro mais fino certas plantas como maracujá, jurubeba, matapasto, etc.[59]. Mais tarde empregar-se-ia o mercúrio. As canoas aplicam-se igualmente nos córregos, nas suas margens ou em canais demarcados em seus leitos rasos.

As explorações à beira-rio foram, todavia, cedo abandonadas e, entre os primeiros arraiais delas decorrentes, salientam-se os de Bom Sucesso, do Padre Faria, de Antônio Dias e de Ouro Preto ou Pilar. As demais fazem-se em alturas, nos Morros de Pascoal da Silva, do Pau Doce, Ouro Podre, Ouro Fino, Santana, do Ramos, etc., dando nascimento aos vários povoados que comporiam a Vila.

Preocupam-se, entretanto, os mineradores, muito mais com os impostos que lhes sobrecarregam a economia do que com os métodos de explorar as minas.

Não era propriamente contra o quinto, a que tinha direito a Coroa por seu domínio sobre as terras, que se rebelavam os povos, mas sim contra a forma de sua cobrança, que nunca pôde ser estabelecida de modo acertado e definitivo.

A princípio, os processos usados para a arrecadação do quinto são precárias, possibilitando consideráveis extravios, porquanto facultam a circulação do

---

59. Antônio Olinto dos Santos Pires, "A Mineração", *Rev. APM,* Ano VIII, p. 954.

ouro em pó, exigindo-se apenas que se faça acompanhar de guias que atestem o pagamento do tributo. Em conseqüência, passa a contribuição, em 1710, a ser fixa, cobrando-se, por ano, dez oitavas de ouro por bateia em serviço[60], resolução que, de fato, não pôde ser cumprida à risca, no mesmo ano, sendo anulada pelo Governador Antônio de Albuquerque. Os próprios mineiros, em 1714[61], propõem, com a anuência do governador, que as Câmaras mesmas, por meio de impostos tais como os de gado, comércio ou capitação[62], se responsabilizassem por uma contribuição anualmente estabelecida, naquele ano fixada em trinta arrobas, das quais doze caberiam a Vila Rica, com a condição de se levantarem os registros. Todavia, o rei não concorda com o ajuste, em razão de sobrecarregar, indiferentemente, toda a população, enquanto devia referir-se apenas aos mineiros, e desta desaprovação decorrem várias desavenças, ou mesmo sedições, em vários pontos das Minas, até que a Coroa concorda, afinal, em aceitar o ajuste proposto[63].

Permanece, assim, o sistema de contribuição fixa que, em 1718, a despeito do interesse do Conde de Assumar em aumentá-la é, ao contrário, reduzida para 25 arrobas anuais, ficando, porém, para a Coroa, "os rendimentos das cargas, gado e negros que entravam pelos registros"[64].

A cobrança direta, sempre desejada pela Metrópole[65] é novamente instituída pela lei de 11 de fevereiro de 1719[66] que manda erigir as Casas de Fundição e que, em 1722 tenta, infrutiferamente, D. Lourenço de Almeida fazer cumprir. Concordam os povos em

60. Estendem-se sobre o assunto vários autores tais como Calógeras em *As minas do Brasil e a sua legislação;* Diogo de Vasconcelos em *História Antiga das Minas Gerais;* Eschwege em *Pluto Brasiliensis, et.,* todos, porém, segundo parece, alicerçados em J. J. Teixeira Coelho, *Rev. APM,* ano VIII, p. 460.

61. Cf. Diogo, *op. cit.,* p. 291.

62. Sobre o assunto ver Fontes Histórias do Imposto de Capitação" na *Rev. APM,* 1907, p. 605.

63. J. J. Teixeira Coelho, *op. cit.,* p. 462.

64. *Ib.,* p. 465.

65. Carta Régia de nomeação de Albuquerque. *Rev. APM,* 1906, p. 685.

66. Transcrita em bando de 18 de julho do mesmo ano, nas Minas, cf. *Rev. Arq. S. Paulo,* v. XXX, pp. 149 e ss.

aumentar sua contribuição para 37 arrobas por ano, até que, em 1725, entram, afinal, a funcionar as referidas casas[67]. Nelas se recolhem os quintos que, de 1730 a 1732 passam a 12%. Todo o ouro é então previamente fundido em barras para só assim circular. Para evitar fundições clandestinas — tentadas na Serra da Moeda e em Itaverava — adotam-se ainda os certificados que autentificam as barras.

Quando o ouro, levado à fundição, é em pequena quantidade, expedem-se recibos ou vales que, posteriormente, acumulados, podem ser trocados pelas citadas barras.

Em 1732 repudia o rei a redução da porcentagem e, pouco depois, recomenda ao Conde de Galveias que adote novamente o regime da capitação e censo das indústrias, mas em Junta Geral para isto convocada, em 20 de março de 1734, acertou-se que o sistema não consultava aos interesses dos mineiros, que preferiram continuar pagando os quintos nas Casas de Fundição, responsabilizando-se ainda pelo total de 100 arrobas anuais, a serem completadas por outros meios, desde que não fossem apuradas nas fundições[68].

Todavia, em 1735, volta a vigorar o regime da capitação que só se extingue em 1751, ano em que, outra vez, entram a funcionar as Casas de Fundição[69], só extintas em 1811[70].

Deve ser lembrado que essas alterações sucessivas nos processos de arrecadação, muitos extorsivos ou injustos, pagando todos pelos lucros de alguns ou determinando-se derramas gerais para completar valores previamente estabelecidos e não alcançados, não poderiam deixar de provocar revoltas populares, por vezes

---

67. Situadas mais ou menos no local onde depois se construiu o Palácio dos Governadores, salvo o período em que funcionou na atual Casa dos Contos.

68. São estas 100 arrobas que não puderam ser efetivamente completadas, acumulando déficits sucessivos, e cuja liquidação ameaçou-se fazer por derrama, que serviriam aos Inconfidentes como ponto de referência para a eclosão do movimento que planejavam.

69. Devem ser somados aos quintos as contribuições diversas atribuídas aos mineiros para bodas reais, etc., e o subsídio voluntário para a reedificação de Lisboa.

70. Memória Hist. Pub. de M. Gerais, *Rev. APM,* 1908, p. 567.

levadas a extremos, em virtude das vacilações e incoerências em que se perdiam as autoridades.

A adoção de novas formas de cobrança é, quase sempre, precedida de discussão e acordos entre os interessados e a administração que, todavia, nem sempre são cumpridos por desaprovação posterior do rei ou negaças de seus prepostos.

Essas irregularidades não poderiam deixar de trazer conseqüências desagradáveis, traduziads até mesmo em protestos armados, por sua vez causa de violentas repressões como a de 1720.

Contudo, atingem as arrecadações extraordinário valor e delas se pode depreender a considerável riqueza que as Minas produziram.

Em 1700 rende o quinto 940 oitavas que se elevam a 5682 em 1710 e a 13597 em 1711. Em 1712 baixam a 8618 e no ano seguinte só alcançam 2781. Todavia, de 1700 a 1713 somam 56655 oitavas e de 1714 a 1718 arrecadam-se, por ano, 30 arrobas do metal, e deste último ano a 1722, 25 arrobas. De 1723 a 1724 a percentagem real é de 32 arrobas mas, no ano seguinte, atinge apenas 18 e meia[71]. Convém ainda advertir que os confiscos são também de monta, chegando a 2542/8 em 1710, a 6185 em 1711, baixando a 1782 em 1712, para novamente subir a 7106 em 1713. De 1700 a 1713 totalizam os confiscos 46975 oitavas, se forem exatos os dados coligidos por Diogo de Vasconcelos em sua *História Antiga das Minas Gerais*.

Pelas Casas de Fundição das Minas, em 1735-51 são retidas, de quintos, 2059 arrobas das quais, 457 se referem à de Vila Rica. Desse ano em diante apuram-se, em média, 90 arrobas por ano para os cofres reais, valor, todavia, que decresce, de 118, em 1753-54, para 70 em 1777. Em 1811 só se conseguem 24 arrobas que caem ainda, em 1817 para 13 e, em 1820, para 8[72]. Contudo, estudiosos do assunto, como Simonsen, avaliam o ouro extrído nas Minas até 1820

71. 1 Arroba: 32 libras, 4095 oitavas ou 15 quilos.
Libra: 2 marcos, 128 oitavas
Marco: 8 onças, 64 oitavas
Onça: 8 oitavas
Oitava: 72 grãos ou 3,586 gr.
72. J. J. Teixeira Coelho, *op. cit.*, pp. 490 e ss.

em 1200 toneladas, ou sejam, 80 000 arrobas, ao passo que outros autores, como Antônio Olinto dos Santos Pires[73] o avaliam em apenas 600 000 quilos, ou como Calógeras em 700 000[74].

As explorações que, num crescendo vertiginoso, atingem seu máximo esplendor em meados do século, daí em diante decairiam rapidamente até se reduzirem à verdadeira penúria em que as encontra o Império.

Entregues a mineiros "completamente ignorantes da arte de explorar as Minas, sobrecarregados de vexações e impostos"[75], em geral pouco previdentes e sujeitos a difícil e caro abastecimento, não poderia, de fato, o ouro, proporcionar uma economia particular organizada, estável e de valor crescente, apesar das medidas protecionistas, como a suspensão das execuções de penhora, dos escravos[76], que constantemente eram tomadas em benefício dos mineradores.

A própria escravaria em que se concentraram os encargos das minerações, não é, a princípio, acessível a todos os senhores, não possuindo, os maiores, mais de 12 em serviço[77], limite a que se atinham em cada data, concedida com duas braças e meia por trabalhador em serviço, até o máximo de 12[78].

73. *Rev. APM,* ano VIII, p. 969. Como se pode depreender da simples enunciação do assunto, o vulto das arrecadações é de difícil reconstituição, não só pela diversidade das informações como pelas confusas referências cronológicas a que se referem.

74. Calógeras, *op. cit.* p. 75.

75. Paul Ferrand em *L'Or à Minas Gerais,* v. 1, p. 16.

76. Carta Régia de 29.2.1752 a Gomes Freire, transc. na *Rev. APM,* ano 1, p. 712.

77. W. L. von Eschwege, *Pluto Brasiliensis,* v. 2, p. 9.

78. Exceção havia à regra geral, como a de Pascoal da Silva Guimarães que, em 1708, possuía 300 escravos em serviço, cf. Diogo de Vasconcelos em *Hist. Ant.,* p. 174. Caio Prado Júnior em *op. cit.* quer que, ao contrário, como se verificou na agricultura e pecuária, a economia do ouro se tenha iniciado por intermédio de grandes senhores, equivalentes aos latifundiários do litoral. Contudo, exame mais detido do assunto leva a conclusões diversas. No rol dos escravos publicado nos Anais da Biblioteca Nacional, *Arq. da Casa dos Contos,* 1943, p. 101, aparecem em Rio Acima 51 proprietários possuidores, em média, de 3 escravos e na p. 104, em S. João del Rei de 96, apenas 7 tinham mais de 12 escravos. Não só a Coroa fazia por evitar o açambarcamento das minerações como a história mostra que as grandes lavras, explo-

Com o correr do tempo, multiplicar-se-ia, porém, a população negra, chegando mesmo a ultrapassar a branca, mas, já então, os veeiros se aprofundam, dificultando e encarecendo consideravelmente a extração do metal, antes encontrado quase a flor do solo.

O grande objeto da economia mineral que é o de empregar os animais brutos em vez de homens em tudo que pode adjetivar-se é princípio como de todo desconhecido; não fazem os mineiros mais que aumentar o número de escravos para qualquer empresa de força e se obliviam deste agente para suas máquinas e sendo já muito caros os escravos pelos direitos que trazem por capitação, desde a Costa d'África, a sua subsistência moral, teológica e médica lhes faz ainda ruinoso o grande número deles, sobre ser o emprego da mineração do ouro a loteria mais ruinosa do particular, no parecer de Smith, olhando para os mineiros d'Europa, que se poderá dizer dos nossos da América...[79].

b. Comércio

Esta riqueza, tão mal aproveitada pela economia particular, canaliza-se para o comércio onde "os taverneiros ajuntavam imenso cabedal em poucos anos"[80], transformando a Vila no grande empório previsto em sua criação e já perfeitamente caracterizado na capitação de 1715[81].

radas com melhores métodos, são do fim do século, como as do Tassara e do Veloso, continuadas pelas tentativas das companhias organizadas industrialmente, conforme aconselhava Eschwege, que chegou a interessar, inclusive a ingleses, principalmente em Mariana. A propósito será interessante transcrever algumas promessas condicionadas por habitantes da cidade a N. S. da Piedade, pelas quais se depreende o interesse que estas iniciativas despertaram na população. Suplica-se, por exemplo: "bênçãos sobre as lavras do Tassara, sobre as lavras do Veloso sobre as nossas, para que venham muitas companhias e comprem tudo", e ainda: "trazei os ingleses desejados para esta grande mineração que se encerra no seio destas grandes montanhas", "para que eles venham e realizem a compra". Estas súplicas escritas, no princípio do século atual, foram encontradas pelo A. quando das obras que, em 1950, se realizaram na Capela de N. S. da Piedade, no Morro de Pascoal da Silva ou da Queimada.

79. Antônio Pires da Silva Leme em "Memória sobre a utilidade", etc. *Rev. APM,* ano 1, p. 421.

80. *Cartas Chilenas.*

81. *APM, Cód. 2, CMOP.* Verifica-se das Atas da Câmara, principalmente de suas primeiras décadas, a constância de licenças concedidas para lojas e vendas e a freqüência de regulamentação para nas mesmas, inclusive proibindo-as nas

Não só, neste ano, é maior o número de negociantes (cerca de 150), como os maiores lançamentos, correspondendo aos maiores recursos, neles se concentram, com poucas exceções. Henrique Lopes responsabiliza-se por 138 oitavas, Pascoal da Silva por 90 e o Capitão Antônio Martins Lessa por 144. Lojistas, porém, lançados em 80, 90, em todo o caso acima de 50 oitavas, são freqüentes, ao passo que os demais lançamentos oscilam em torno de 20 oitavas. E o próprio Pascoal da Silva, um dos maiores senhores de lavras, mas, antes, mascate português, não deixaria de valer-se do comércio para com ele acumular maiores lucros[82].

Aliás os preconceitos da época não enobreciam o trabalho, principalmente o manual, reservado aos pretos[83]. O branco honrava a ociosidade, os postos de direção, o comando. Quando não podia,

por falta de recursos, tornar-se, desde logo, proprietário ou fazendeiro, era, em regra, a ocupações comerciais que se dedicava[84],

explorando os vícios e as luxúrias mais, que às necessidades dos mineiros, acrescentavam[85].

O vice-rei, Marquês de Lavradio, consignaria, em relatório, que

o colono recém-vindo não pensa em outra cousa que na mercancia[86]

e

todo o ouro que das Minas se desencaminha aos quintos reais é por via dos homens de negócio por que estes chamam a si todo o ouro que os mineiros tiram...[87].

áreas de mineração, sem esquecimento do comércio ambulante em tabuleiros.

82. Diogo de Vasconcelos, *História Antiga*, p. 210, diz... "logo nos primeiros anos muitos novatos subiram a efeito de mascatear e foi justamente nestes princípios de 1701-1705 que as minas se encheram de tais mercadores". Da mesma forma era Henrique Lopes, a princípio, taberneiro (Diário de Jornada etc.).

83. J. J. Teixeira Coelho, "Instruções etc." *Rev. APM,* v. VIII, 561 diz: "Não há na capitania de Minas Gerais um homem branco nem uma mulher branca que queiram servir; porque se persuadem que lhes fica mal um emprego que eles entendem que só compete aos escravos".

184. Caio Prado Júnior em *Formação do Brasil Contemporâneo*, p. 83.

85. Diogo de Vasconcelos, *Hist. Ant.,* p. 210.

86. Caio Prado Júnior, *ib.*

87. Fontes Históricas do Imposto de Capitação em *Rev. APM,* ano XIII, p. 649.

Aos fidalgos estava interdito o "pegar da vara para vender pano", mas aos plebeus que emigraram para as Minas "nada mais natural que sendo obrigados a ter casa no arraial, abrissem logo vendas"[88].

Beneficia-se este comércio da ganância com que é exercido e contra a qual lutaria, em vão, o Senado da Câmara com inúmeras e constantes providências. Vários estudos comparativos entre o custo da vida e o poder aquisitivo da época têm sido feitos pelos nossos economistas, todos concluindo por salientar a enorme disparidade dos preços em relação a outros pontos da Colônia[84].

Segundo Taunay, custava em S. Paulo o alqueire de farinha 640 réis, a libra de açúcar 120 réis e a arroba de carne verde 200 réis, ao passo que em Minas vendiam-se por 43,200, 1,200 e 6,000, respectivamente[90].

Em razão desta abusiva mercância e descuido dos habitantes quanto ao provimento de suas necessidades primárias, em meio, paradoxalmente, a tanta riqueza, ocorrem a princípio nas Minas vários períodos de fome intensa. Chegou em 1698 a

necessidade a tal extremo que se aproveitaram (os habitantes) dos mais imundos animais, e, faltando-lhes estes para poderem alimentar a vida, largaram as minas e fugiram para os matos com seus escravos a sustentarem-se com as frutas agrestes que neles acharam[91].

Já em 1719, tendo em vista abusos dos comerciantes, acordavam os vereadores

se fizesse uma conferência dos médicos que se acham nesta Vila em casa do Dr. Agostinho Guido para darem taxa aos medicamentos que os boticários vendem, atendendo as queixas do povo que os ditos boticários exageram os preços por que vendem os tais remédios...[92].

Em 1722, tendo em vista

88. João Camilo de Oliveira Tôrres, *O homem e a montanha*, p. 58.
89. À extorsão dos preços juntavam-se ainda os monopólios comerciais que, como o de carnes, dirigido por Frei Francisco de Meneses, contribuiu para a revolta dos paulistas em 1710.
90. "História da Vila de S. Paulo no séc. XVIII", *Anais do Museu Paulista*, t. 5, p. 15.
91. Carta de Artur de Sá a El Rei, cit. por Basílio de Magalhães in *Expansão do Brasil Colonial*, p. 162.
92. Atas da CMOP, *Rev. APM*, 1937, p. 105.

a muita falta de víveres, assim vindos do Rio de Janeiro como do Sertão dos Currais e ainda em termo desta Vila e que mesmo os moradores dela, assim que entram as carregações de umas e outras... as vão logo atravessar para com elas fazerem seus negócios, vendendo-as por alto preço..., determina a Câmara que nenhuma pessoa de qualquer grau ou condição que seja atravesse, sob pena de 40 oitavas de ouro, 30 dias de cadeia, sem remissão ou agravo, além da pena imposta pela Ordenação do Reino e leis extravagantes[93].

Em 1723 é a pena aumentada para 64 oitavas[94] e depois para 100[95]. Envolvendo a especulação o nome do próprio Capitão General, expede este, um bando eximindo-se da culpa e aumentando a pena, no caso, para 200 oitavas[96]. Sem remédio o mal, determina a Câmara, em setembro do mesmo ano, a apreensão do milho nas roças

porque primeiro que tudo está a subsistência do povo do que as utilidades quaisquer dos atravessadores que, sem temor de Deus nem consciência, estão cometendo um crime contra a utilidade comum[97].

São tão volumosas e lucrativas as transações, que habitam a Vila

homens de maior comércio, cujo tráfego e importância excede, em comparação, o maior dos maiores homens de Portugal[98].

Essa característica da Vila que "é uma das de maior comércio das Minas" se explica porque "fica sendo uma barra de todas aonde de continuamente estão entrando carregações do Rio de Janeiro e da cidade de S. Paulo"[99].

E são as lojas tão abundantemente abastecidas, principalmente de importações, que a muitos surpreendem os estoques que apresentam entre os quais se incluem quase todos os produtos europeus da época, de preferência os ingleses[100].

As melhores construções particulares destinam-se, pelo menos parcialmente, a *lojeas ou vendagens,* inclu-

93. *APM, Cód. 6, CMOP,* 28-v.
94. *Ib.,* p. 41.
95. *Ib.,* p. 43.
96. *Ib.,* p. 44.
97. *Ib.,* 43.
98. Triunfo Eucarístico, *Rev. APM,* ano VI, p. 996.
99. "Diário da Jornada, etc." do Conde de Assumar, transc. na *Rev. SPHAN n. 3,* p. 316.
100. Mawe, *op. cit.,* p. 168. "Este lugar parecia ser depósito de mercadorias e artigos ingleses de todas as espécies, com exceção da louça, dos fiambres e da manteiga, muito

sive aquelas mais grandiosas, dentre as quais sobressai a de João Rorigues de Macedo, depois Casa dos Contos. Seus primeiros pavimentos abrem-se francamente para a via pública, compondo áreas grandes e pouco subdivididas, evidentemente não agenciadas para moradia. Só quando fraquejava o comércio pela decadência das povoações, são os referidos cômodos incorporados às residências, com a conseqüente transformação de suas portas de entrada em janelas.

Mesmo nos arraiais vizinhos, em Ouro Branco, Congonhas do Campo, S. Gonçalo do Amarante (Amarantina), S. Bartolomeu, etc., as casas mais sólidas e bem acabadas que até hoje perduram, não dispensam o cômodo de negócio, ao passo que residências dele desprovidas e assim bem fabricadas, não se encontram com facilidade, ao contrário do que ocorre em outras regiões da Capitania. Aliás a importância do comércio, das vendas, na vida do interior, até hoje se faz notar pela atração que exercem sobre a população que, mesmo por seus componentes mais importantes, se polariza sempre na *loja da esquina, na botica,* como têm acentuado vários estudiosos do assunto e traduzido, em suas produções literárias, vários escritores.

O isolamento em relação ao litoral povoado e o exclusivismo das atividades humanas proporcionam também a valorização do trabalho livre, sendo de tal modo caro o concernente às construções que causa espécie ao autor do *Diário da Jornada que fez o Exmo. Sr. D. Pedro desde o Rio de Janeiro até a cidade de S. Paulo e desta até a Minas — ano de 1717*[101]. Referindo-se à casa mandada construir para receber o Governador, em Vila Rica, espanta-se "que a muito valor em Lisboa poderiam custar seis para sete mil cruzados" ao passo que, a Henrique Lopes, seu proprietário, "estiveram em quarenta e cinco"[102].

Acrescenta o mesmo informante que,

caros por causa dos perigos de transportes" e, surpreendentemente: panos, roupas, etc. "eram quase tão baratos quanto na Inglaterra" como acrescenta Walsh, *apud.* **Manuel Bandeira,** *Guia de Ouro Preto,* p. 35.

101. *Rev. SPHAN,* n. 3.

102. *Op. cit.*

tal é a carestia desta terra e tais são os jornais, que um oficial de carpinteiro ou de outro qualquer ofício, ganha, por dia, duas oitavas de ouro e, ainda em cima, se rogam.

Com tantas dificuldades, como

possa existir e continuar aquele exercício (as minerações), é um paradoxo de economia, mas que descobre a razão da pobreza de ouro que sofrem aqueles que têm por empresa re-colhê-lo da terra[103].

Não podia, assim, esta economia, proporcionar uma arquitetura residencial senão pobre, fazendo de Vila Rica "humilde povoado, aonde os grandes moram em casas de madeira a pique"[104], só a riqueza coletiva, concentrada pelo comércio, pela Coroa ou pelas sociedades religiosas, possibilitando a nobreza de alguns solares, a solidez dos edifícios públicos ou a riqueza dos templos católicos.

Mawe não vê correspondência alguma entre a fisionomia da Vila e a *magnificência de seu nome* e, afora os jardins e os móveis, para os quais tem carinhos especiais, nada encontra de "imponente nem surpreendente"[105], concorrendo assim as casas formadas aí sem arquitetura regular para "privá-la da vista aprazível que a aformoseasse"[106].

O tipo da antiga casaria, porém, isolada ou em grupos, tipo uniforme, com rara exceção, desbasta em muito a fantasia da inveja, restituido a nosso tempo a mesquinha e desconfortada vivenda daqueles moradores"[107].

acrescentaria Diogo de Vasconcelos.

Spix e Martius seriam menos exigentes e acham as casas

se não de muito bonito aspecto exterior, todavia cômodas e proporcionadas à alta situação da cidade[108].

Tais observações parecem extensivas a todo o Brasil, pois já nos meados do século XIX Vauthier assinala a ausência de edifícios de

proporções grandiosas, revelando pelo esplendor de sua arquitetura externa a residência de alguma personalidade muito acima da média.

103. Antônio Pires da Silva Pontes Leme em "Memória sobre a utilidade etc." em *Rev. APM, ano 1*, p. 424.
104. *Cartas Chilenas*, p. 174.
105. *Viagens ao interior do Brasil*, p. 164.
106. "Memória Histórica da Província de Minas Gerais", *Rev. APM*, ano XIII, p. 565.
107. "As Obras de Arte" in *Bicent de Ouro Preto*, p. 136.
108. *Viagem pelo Brasil*, 1. v., p. 311.

E acrescentaria:

uma aristocracia poderosa nunca dominou este solo[109].

Contudo, Saint-Hilaire, se bem notando a decadência da região, não vacila em ressalvar que

Catas Altas, Inficionado e grande número de outras povoações dos distritos auríferos da Província das Minas Gerais foram edificadas com muito mais esmero que a maioria das que se vêem em França e mesmo na Alemanha[110].

Antonil vale-se de impressões colhidas no alvorecer do povoado, ainda resumido a poucas casas em meio à rancharia. Os demais informantes, porém, colhem cenários já do século XIX, com a Vila praticamente consolidada e configurada em seu definitivo aspecto. As influências românticas oitocentistas que nela atuariam manifestam-se, de preferência, em adaptações, enriquecimentos decorativos ou aplicações de novos elementos de acabamento (o ferro, o estuque, o lambrequim, as vergas caprichosas), sendo raras as inovações propriamente ditas ou alterações profundas em sua arquitetura.

c. Agricultura

A agricultura incipiente, fruto da desilusão do ouro ou da fome, faz-se, como devia, marginal. As grandes fazendas, porém, como a da Barra, com sua "varanda de quarenta e oito pés de comprimento, sobre a qual se abrem quatorze portas, rasgadas de alto a baixo"[111], afastam-se da Vila.

Mais perto, plantam-se roças, principalmente no Capão e entre a fazenda do Lana e o Tripuí, arraial que, diz Pohl, era chamado a "Horta de Vila Rica"[112]. Pela capitação de 1717, encontram-se no primeiro dos sítios 17 e no segundo 37, ao passo que apenas 6 existem em Itatiaia e um em Bom Sucesso[113].

109. "Casas de Residência no Brasil", *Rev. do SPHAN n. 7*, p. 130.
110. *Op. cit.* t. I., p. 170.
111. Mawe, "Viagens ao Interior do Brasil", p. 188. Segundo o Cônego Raimundo Trindade in *Genealogia da zona do Carmo*, p. 427, há confusão nas citações de Mawe; onde diz fazenda da Barra, refere-se à do Castro.
112. *Apud* Taunay, *Viagens na Capitania de Minas Gerais*, p. 239.
113. APM, CMOP, Cód. 2.

Situam-se, assim, nas extremidades do povoado, nas melhores terras, provavelmente nas únicas cultiváveis.

Esta escassa agricultura que só lentamente se desenvolveria, cedo, porém, se estiola na monocultura da cana, do milho, do café, e, mais recentemente, do chá, forçando, assim, a formação das grandes hortas e pomares domésticos urbanos.

O ciclo evolutivo social, tão bem traduzido pelo interesse religioso que, das capelas, passa às matrizes para, depois, voltar às igrejas filiais, corresponde perfeitamente ao desenvolvimento material e econômico da Vila. Nasce a povoação dos arraiais isolados que tendem a se agrupar, depois, em um centro constituído por sua praça principal, para, mais tarde, estender-se novamente à periferia.

Economicamente, é a riqueza, de início, muito subdividida, fruto exclusivo do trabalho isolado de cada minerador, concentrando-se, a seguir, no comércio que, finalmente, a distribui ou, pelo menos, com ela sustenta as classes, digamos, supletivas, isto é, não produtoras, dependentes, em função das outras as quais assiste ou policia. Constitui-se esta última classe dos funcionários da administração civil e militar, dos eclesiásticos, dos membros da judicatura e de um ou outro aristocrata, grandes senhores de latifúndios, portadores de títulos nobiliárquicos ou participantes do poder legislativo. Releva frisar a pobreza dos grão-senhores das Minas em comparação com os de outras regiões do Brasil onde uma economia estável, agrícola ou pastoril, pôde criar uma aristocracia também estável e tradicional.

Contribui, ainda, para a fraqueza desta classe em Minas Gerais a decadência da mineração que praticamente lhe cortou o desenvolvimento, no século XIX, quando o litoral prosseguia em suas atividades, refreadas pelo ouro em curto intervalo, mas logo a seguir, incentivadas pela abertura dos portos, pela importância crescente da pecuária e da cultura da cana e do café, a que cedo se juntariam outros produtos de grande procura, como a borracha, o chá, o cacau, etc.

### 3. O MEIO FÍSICO

1. *Clima*

Localiza-se Vila Rica em terrenos altos, em torno da cota de 1100 metros[1].

nas abas meridionais de uma serra chamada de Ouro Preto, e por isso, quase sempre está a Vila coberta de névoas que, de ordinário, faz padecer aos habitantes seus defluxos, e são moléstias comuns neste país, por ser bastantemente frio[2].

1. A altitude da Praça Tiradentes é de 1134 m e a da estação ferroviária de 1060.
2. "Memória Hist. da Cap. de M. Gerais", *Rev. APM*, ano II, p. 445. Aires do Casal, *"Corografia Brasílica"*, 1 v., p. 260. Diogo de Vasconcelos, *"Hist. Ant. das M. Gerais"*, pp. 116 e 121. João Camilo de Oliveira Tôrres, *"O Homem e a Montanha"*, p. 27. Diogo Pereira Ribeiro de Vasconcelos, "Memória da Capitania das Minas Gerais", em *Revista APM*, ano 1901, p. 781. Pohl, *apud* Taunay, *op. cit.*, p. 225.

Situada em garganta estreita, entre a serra citada e a do Itacolomi, recebe, com as correntes aéreas dominantes que nela penetram, grande parte da evaporação condensada do vale do Ribeirão do Carmo, que lhe fica bem abaixo[3]. Essas correntes frias, quase contínuas, que até hoje incomodam os moradores das encostas que lhe são fronteiras, determinam, em várias épocas, providências acauteladoras por parte daqueles que lhes sofrem efeitos. O Hospital de Misericórdia, por exemplo,

situado em uma eminência no centro da cidade e com frente para a Praça Principal, exposto ao vento impetuoso e úmido que sopra continuamente da parte do sul[4] e que na sua quase constante direção espalha, por toda a cidade, os miasmas pestíferos (e tão minazes à saúde pública) que exalam as enfermarias e de um cemitério próprio que lhe fica contíguo[5]. do lado direito[6], exposto à mesma ação do vento e que abrange parte da principal entrada desta cidade pelo lado do nascente[7],

3. 700 m de altitude.

4. As orientações citadas neste documento e em outro a seguir, aparentemente contraditórias, devem ser atribuídas a enganos, porquanto, como até hoje, os ventos dominantes no lugar são de leste. E ainda, as fachadas livres do antigo hospital são voltadas para o oeste, o norte e o leste, protegendo-se, por construções vizinhas, a do sul.

5. Salvo este cemitério, os mortos por longo tempo se enterravam em campas insertas no piso das igrejas até que em 1801, ordena o rei ao governador da Capitania que "procure de acordo com o bispo, fazer construir em sítio separado de Vila Rica um ou mais cemitérios, ficando proibido o enterro de cadáveres dentro dos templos e, logo que estejam concluídos, mandando fazer em cada um dos cemitérios um altar em que se possa celebrar missa". (Xavier da Veiga, *Efemérides Mineiras* v. 1, p. 48). Contudo, o apego às igrejas e o costume já estabelecido de se encarregarem dos sepultamentos dos irmãos as sociedades religiosas a que pertenciam fez com que os novos cemitérios se organizassem nas imediações das igrejas, em campo ou em muros adequados, com suas gavetas. Com a República tentam-se cemitérios civis, o de Ouro Preto instalando-se em Saramenha, servido por transporte em bondes puxados a burros que, todavia, não pôde vencer a tradição já arraigada dos cemitérios religiosos, até hoje perdurantes.

6. Ver nota anterior. O cemitério ficava ao norte do hospital ou mais exatamente a nordeste. Veja-se também, a seguir, referência ao vento que abrange a estrada pelo "lado do nascente".

7. APM, CMOP, Códice 299, p. 340. (1830).

Fig. 4.

Fundo de Ouro Preto: a cidade bordeja a serra.

muda-se, por isso mesmo, para paragens mais protegidas.

Também a igreja das Mercês e Perdões, edificada "com a porta principal da parte do norte, donde incessivamente combatem impetuosos ventos"[8] tem sua fachada invertida para o sul, conforme estabelece a Irmandade, em 1805[9].

Os incontáveis olhos-d'água que se espalham por todo o sítio da povoação, abrigam brejos e barreiros mas possibilitam, também, as inúmeras bicas residenciais e fontes públicas "todas de maravilhosa e cristalina água"[10] das quais se orgulha a Vila.

Por sua vez, as sombras e os ventos frios, compensam-se por um sol ardente, próprio da altitude. São estas alternâncias de temperatura, aliadas à umidade dos ruços[11] de inverno ou das copiosas chuvas de verão, as responsáveis pelos achaques das vias respiratórias a que aludem os cronistas.

Estas condições climatéricas são amenizadas ou corrigidas com agenciamentos arquitetônicos peculiares, destinados a melhor proteger a casa e seu habitante. A adaptação de soluções já consagradas no Reino e em outras regiões da Colônia só se realiza, porém, vagarosamente, tendo-se em vista a precariedade das primeiras construções e a dependência destas adaptações de estudos mais demorados e experiências mais completas que pudessem consagrar as inovações.

Típica contingência do clima é a beirada com que se protegem, em redondo, todas as paredes externas das construções isoladas, cobertas de copiar, ou só aquelas expostas ao tempo, quando as laterais se encostam a construções vizinhas. Esse elemento com-

---

8. *APM, Cód. 312* (1805-1808).

9. A Igreja, hoje, de fato se volta para o sul. Todavia os ventos do norte citados devem ser os mesmos do leste, que, por qualquer obstáculo nas imediações do templo, se voltariam em direção à sua fachada. A construção situa-se em uma plataforma, cortada na extremidade do espigão de um contraforte com íngreme ladeira e barrancos ao norte.

10. "Memória Hist. da Cap. das M. Gerais", *APM,* ano II, p. 446.

11. Ruço: neblina, também brumas, brumados, ou noruegas em M. Gerais onde ainda se designam por inverno ou invernadas as temporadas chuvosas, em contraposição ao verão ao veranico das épocas de seca.

põe-se, a princípio, em insuficiente balanço, não condizente com o volume das massas líquidas que pretendem afastar das paredes que coroam. Sugerem influências diretas do reino ou de outras partes da Colônia que, todavia, pelas novas condições impostas pelo clima, não perduraram. Também as beiradas de telhas sobrepostas, largamente aplicadas em todo o Brasil, e que aparecem num caso ou outro de Vila Rica como no Manso ou na Rua Alvarenga Peixoto, n. 40, cedo são desprezadas e substituídas por outras que melhor protegessem os muros que coroam, armadas em exagerados balanços sustidos por cachorradas, que ainda subsistem em determinados trechos da cidade, como por exemplo, na rua citada 45, 47 ou 74, onde alcança 1,20 m.

Só com a aplicação de materiais mais resistentes, técnicas mais apuradas e experiências mais completas, são os balanços dessas beiradas fixados em proporções médias que, como norma, perduram até o aparecimento dos caibros corridos e das platibandas.

Corrigem-se ainda as inconveniências do clima, isolando-se as casas do exterior com a redução do número de vãos que, além do mais, implicariam dificuldades técnicas e econômicas, não favorecendo também a intimidade e a defesa dos lares. Muitas das habitações dos primeiros mineradores, cujas ruínas ainda pontilham os morros, abrem-se apenas por um vão ou dois. Quando estes aparecem em maior número inserem-se, geralmente, na fachada principal, deixando cegas as laterais, mesmo quando se afastam de construções vizinhas. Apenas óculos ou seteiras podem, às vezes, interrompê-las e, se algumas aberturas são deixadas nos fundos, neles, todavia, prevalecem francamente os cheios. Constituem exceção os largos envidraçados que, todavia, preenchem vazios de antigas varandas, transformadas em avarandados, origem das salas de refeições.

Os conceitos médicos então vigorantes sobre o clima e o vento, espalhando os *miasmas pestíferos,* já aludidos, a tendência ao enclausuramento da família e a imposição das laterais cegas, pela contigüidade a casas vizinhas, contribuem, não só para a escassez de vãos, como também para o bloqueamento do interior das habitações.

Curiosa é a oração citada por Taunay para anular os efeitos maléficos do ar e que diz:

Em nome de Deus Padre, em nome de Deus Filho, em nome do Espírito Santo. Ar vivo, ar morto, ar de estupor, ar de perlezias, ar arrenegado, ar excomungado, eu te arrenego em nome da S.S. Trindade que saias do corpo desta criatura ou animal e que vás parar no mar Sagrado para que viva são e aliviado[12].

As treliças são outros elementos que, ligados ao clima em sua origem, transplantados para outras regiões se destinam a finalidades diversas, visando mais à vedação dos interiores que à sua proteção contra o calor intenso.

Não podem ficar esquecidos na referência ao clima, os embuçados notívagos, cujos vultos a bruma e os ventos desfiguram, sugerindo ao ingênuo mineiro os abantesmas que lhe afligem a imaginação.

## 2. Topografia

A topografia de Vila Rica é, por assim dizer, bastante imprópria ao estabelecimento de uma povoação. Terrenos planos naturais são praticamente inexistentes e a sua obtenção, por aterros ou desaterros, é dificultada ao extremo pela dureza geral do solo. As ruas, ao longo das encostas, deixam, de um lado, lotes de fortes aclives e, de outro, de consideráveis declives. Esta topografia, assim difícil, explica as preferências e desapreços por diversos sistemas construtivos. Desistindo de corrigir os terrenos, alçam-se as casas sobre eles, por intermédio de esteios ou pilares e, para facilitar estas elevações, preferem-se as estruturas autônomas, de madeira ou, pelo menos, mistas, em virtude de as construções de estruturas (paredes) maciças, que distribuem uniformemente as cargas ao chão, em fundações mais ou menos contíguas, exigirem, de preferência, terrenos planos. Atendendo a estas injunções, seria natural que as edificações se fizessem de madeira e barro, não utilizados somente quando sua obtenção se torna difícil e a disponibilidade de pedra supre os inconvenientes de seu emprego.

Os terrenos inclinados, conduzindo à obtenção de planos em altura, vão, de certo modo, determinar tam-

12. *História da Vila de S. Paulo no Séc. XVIII*, t. 5, p. 89.

Fig. 5. As residências se amontoam nas encostas.

bém a duplicidade dos pavimentos, pela utilização dos vazios deixados entre o solo e o piso alto. Esta duplicidade aparece mais nas construções em lotes de aclive, em geral, instalando-se lojas no térreo, já que as em declive, não proporcionando bom acesso aos porões, muitas vezes deixam-nos inaproveitados.

A uma topografia assim tão difícil pode também ser atribuída a pouca aplicação, em Vila Rica, da taipa de pilão, que só teria aparecido em suas primeiras construções, talvez por tradições seiscentistas pouco adaptadas ainda ao local. Mesmo assim, só há notícia de seu uso nas matrizes ou em algum edifício público, em suas fases iniciais. Para ilustrar esta assertiva, pode ser citada a carta que o Conde de Assumar enviou ao rei, em 25 de abril de 1720, esclarecendo que a Câmara de Vila Rica tinha resolvido

pôr em praça uma Casa de Câmara e Cadeia de taipa de pilão e mandá-la arrematar por 11 000 oitavas de ouro, havendo quem, com pouca diferença, a queira fazer de pedra e cal por 8000 oitavas, e não deixei de estranhar que tendo há anos aquela Vila uma casa, ainda que de madeira, se não pudessem os vereadores alojar em palácio menos suntuoso[13].

Os documentos referentes às obras dos quartéis também induzem a crer não fosse a taipa de pilão aconselhável, tanto que, postas em praça em 1722, especificou-se que fossem as paredes de "cinco palmos e acabando em três, sendo de pedra e barro"[14]. Só por interferência do rei, em 1725, foi mudada esta exigência para "taipa de pilão que é de pouco preço e forte"[15], mal informado, com certeza, o Reino, sobre as condições locais. E tanto que já em 1728, para o prosseguimento das obras, comprometeu-se o arrematante a "demolir a taipa que estivesse incapaz"[16]. Teria sido, assim, a taipa empregada somente por imposição do Reino ou por tradição, cedo suplantadas em conseqüência dos resultados negativos das experiências.

Compensando as dificuldades que a topografia de Vila Rica determina, devem ser lembradas, porém, as vantagens de ordem higiênica que proporciona, possibilitando o fácil e rápido escoamento das águas, quer

13. APM, SG, Cód. 4, p. 781.
14. APM, CMOP, Cód. 14, p. 14
15. APM, SG, Cód. 23, 51 v.
16. APM, CMOP, Cód. 14, p. 104.

pluviais, quer de serventia, pelos terrenos inclinados e ruas que, em 1817, Spix e Martius já encontram, em sua maioria, calçadas[17].

Após dois séculos de luta insana contra uma tão difícil topografia, compreende-se, afinal, a impossibilidade de adaptá-la suficientemente para atender às imposições de uma grande cidade. Desde a Inconfidência deseja-se transferir assim a capital do Estado para sítios mais acomodados, sugerindo Abreu Vieira que se instalasse em "S. João del Rei, por ser aquela Vila bem mais situada e farta de mantimentos"[18]. Depois de vários anos de porfia e controvérsia, muda-se, enfim, a Capital para Curral del Rei[19], responsabilizando-se, assim, o irregular terreno da Vila pela solução de continuidade estabelecida em seu desenvolvimento.

## 3. *Arruamento*

Fixada entre as duas matrizes de Nossa Senhora do Pilar e da Conceição, configura-se a Vila, com seus termos, praticamente, em torno dos atalhos e bifurcações de um trecho de estrada que, do litoral, passando pelos *campos* (Cachoeira, Itabira, Congonhas, etc.), atinge o *Mato Dentro* (Santa Bárbara, Catas Altas, Conceição, etc.), em busca do interior. Não se descuida a Câmara destes caminhos que, quando "incapazes (para) a condução dos mantimentos e serventia do bom público"[20], são prontamente reedificados, para isto concorrendo os moradores com seus escravos ou com fintas "na forma que a ordenação do Reino dispõe em semelhantes casos"[21], deitadas, porém, "com suavidade, conforme cada um pudesse e as suas posses o ajudassem;... sem afeição ou desinclinação alguma"[22].

17. *Op. cit.,* 1. v., p. 311.
18. *Apud* Joaquim Nabuco Linhares. Mudança da Capital in *Rev. APM,* ano X, p. 344.
19. Ver J. N. Linhares, "Mudança da Capital", *Rev. APM,* 1905, p. 339.
20. Atas da Câmara de Vila Rica, Anais Bibl. Nac. 1927, p. 228.
21. *Ib.*
22. *Ib.,* p. 232.

Outeiro do Palácio
e Casa de Câmara,
onde os dois primitivos
arraiais de Ouro Preto
e Antônio Dias se encontravam.

Fig. 6.

Ao mesmo tempo, procura-se demarcá-los com maior regularidade, para isto acordando, por exemplo, o Senado da Câmara, em 1745,

> em auto de correição geral na Rua do Rosário que vem para a ponte de São José que, querendo algumas pessoas fazer casas na dita rua, se arruassem conforme a medição e balizas que se determinou no mesmo auto de correição[23].

Aproveitam-se ainda todas as oportunidades para melhorar os logradouros públicos, determinando a Câmara, em 1714, que

> se fizesse vistoria no bairro de Ouro Preto, nas casas donde tinha sucedido o incêndio, medindo e arruando-as de sorte que as recuassem para os fundos e ficasse uma praça para melhor arruamento desta nova vila e por ficar defronte da Matriz daquele bairro[24].

Dentre os vários caminhos, um é mais importante, mais transitado, por assim dizer, a estrada tronco. Entra na vila e vai direto à Matriz do Pilar, de onde se endireita para a Matriz de Antônio Dias, saindo por Sta. Ifigênia. Por isso mesmo, na entrada, designa-se por *Cabeças* (princípio), entre as matrizes, Rua *Direita* e, na saída *Vira e Sai* (Fig. 7).

Principia esta estrada no Passa-Dez, subindo para as Cabeças; desce para a Matriz do Pilar, no fundo de Ouro Preto, de onde galga o morro de Santa Quitéria; decai para Antônio Dias, novamente sobe para o Alto da Cruz, de onde vira e sai para a Vila do Carmo, cidade de Mariana.

São estas três alturas, já figuradas na triunfal procissão de 1730[25], que aparecem também no brasão da cidade[26]. (Fig. 8).

As ruas em que, posteriormente, se transforma, subdividindo-se, a estrada principal, tomam, com o correr do tempo, designações várias, a princípio apenas

23. APM, CMOP, Cód. 52, p. 6-7.
24. Atas da Câmara de Vila Rica, Anais Bibl. Nac. 1927, p. 319.
25. "Triunfo Eucarístico", in *Bicent.*, p. 233-234.
26. Diogo de Vasconcelos, As obras de Arte, p. 161, atribui o brasão a Antônio de Albuquerque, sem, porém, indicar as fontes onde fundamentou sua afirmativa. *Taunay (De Brasiliae Rebus Pluribus),* diz que no século XVIII só Cuiabá e Vila Bela (Mato Grosso) foram brasonadas, ignorando se procedem de atos oficiais os brasões atribuídos a Mariana e Ouro Preto. O brasão desta última cidade, como é hoje conhecido, foi composto por Wasth Rodrigues, conforme Clóvis Ribeiro (Brasões e Bandeiras do Brasil).

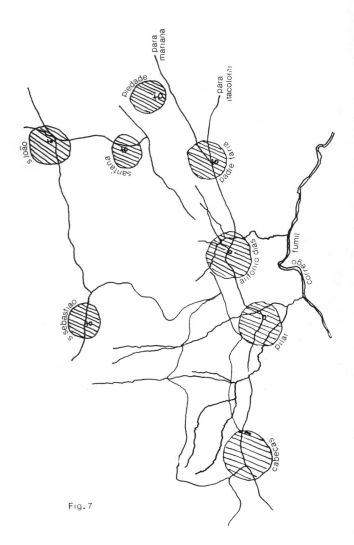

Fig. 7

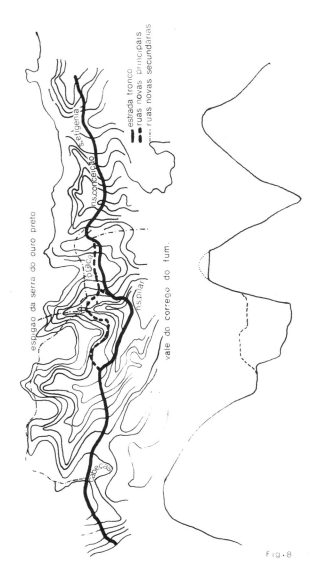

Fig. 8

A rua que vira
e sai da cidade,
vencendo o contraforte
de Santa Ifigênia.

Fig. 9.

explicativas, como a "rua que segue da ponte seca até a ponte do Ouro Preto" a que "vai da igreja do bairro do Ouro Preto para o arraial dos paulistas[27], direita da Vila. Depois, tomam o nome dos seus mais importantes moradores: Rua do *Vigário, dos paulistas, dos caldeireiros,* etc., ou das construções mais valiosas que nela se erguem: Rua *da Ponte, da Cadeia, do Palácio, etc., etc.".* Finalmente, no século XIX homenageiam ilustres figuras patrícias, como Bernardo de Vasconcelos, Alvarenga Peixoto, Bernardo Guimarães, etc.

Quando se abre a Praça, é a antiga Rua Direita da Vila substituída pelos caminhos ou ruas novas, *do Pelourinho da Praça ou da Cadeia* que, com a importância crescente que vão tendo, passam a chamar-se também *Rua ·Direita.*

A primitiva estrada tronco divide-se em três partes principais.

A primeira delas, as Cabeças, entre a ponte do Passa-Dez e a do Caquende ou Capela do Rosário, tem, a príncipio, o nome de *Rua do Passa-Dez.* O trecho entre a Capela de São Miguel e Almas e o Rosário adquire, posteriormente, os nomes de *Rua das Cabeças* ou *Ladeira do Caquende,* hoje Ruas Alvarenga Peixoto e Bernardo Guimarães. A segunda parte, a central, compreendida entre o Rosário e Antônio Dias, subdivide-se em três trechos — entre o Rosário e o Pilar, daí até a Praça e desta a Antônio Dias. O primeiro trecho configurou-se, inicialmente, na *Rua Direita da Matriz,* depois chamada *da Ponte Seca* e *do Vigário,* atual *Donato da Fonseca,* bifurcada em *Conselheiro Santana* e *Antônio de Albuquerque.* Abriu-se, depois, uma nova estrada, mais acima — a *Rua Nova do Sacramento* — transformada posteriormente, em rua do *Rosário, de S. José* e *Direita,* hoje, ruas *Getúlio Vargas, S. José* e *Tiradentes.* Do Pilar para a Praça, sobe a *Ladeira do Ouro Preto até a Casa da Câmara,* cujo princípio é a atual *Rua do Pilar,* continuada pelo *Caminho Velho,* depois, ruas de *Santa Quitéria e do Carmo,* hoje *Coronel Alves* e *Brigadeiro Musqueira* ou

---

27. "Livro de aforamentos de Vila Rica", *APM.* Costume idêntico se nota na formação de outras povoações coloniais, como por exemplo S. Paulo, conforme Alcântara Machado, *op. cit.* p. 40.

pelo *Caminho Novo,* depois, *Rua Direita* e hoje ruas *Paraná* e *Conde de Bobadela.*

Uma variante menos importante vai da Ponte de S. José ou dos Contos à Praça, através da Rua das Flores, talvez antes, *Rua Nova do Pelourinho,* dos *Quartéis* ou do *Palácio,* prosseguindo em Antônio Dias, pela Rua dos Paulistas até a sua terminal na que hoje se denomina Bernardo de Vasconcelos.

Da Praça, desce a estrada tronco para Antônio Dias, a princípio pela rua detrás da Cadeia Velha que hoje se configura nas ruas *Amélia Bernhauss, São Francisco* e *do Aleijadinho* e mais tarde pela *Rua Nova* ou *Direita da Praça para Antônio Dias,* depois do *Ouvidor* e agora *Cláudio Manuel da Costa* e *Bernardo de Vasconcelos.*

Todo o trecho entre as matrizes, pelos caminhos novos, também chamados *Rua Direita,* da *Matriz do Pilar,* da *Praça,* da *Câmara,* de *Antônio Dias,* etc., é constituído pelas ruas principais do centro da Vila. Apenas, mais tarde, partem estas ruas Direita do Rosário e não da Matriz de Nossa Senhora do Pilar, que é deixada à margem, em virtude das íngremes ladeiras que a ela se dirigem.

A terceira parte, a saída, entre Antônio Dias e a Capela do Padre Faria, é dividida em duas ladeiras — da *Cruz das Almas* ou *Vira Saia,* hoje *Sta. Ifigênia,* e da *Capela do Rosário do Padre Faria,* hoje, simplesmente, *do Padre Faria*[28].

A Vila tem, assim, uma configuração linear apegada à estrada tronco que, aos poucos, se corrige em trechos de melhor traçado, em geral mais ao alto que os primitivos, atalhando-os e ao mesmo tempo acompanhando a marcha das minerações que, a princípio apegados aos vales profundos, foram depois galgando a serra.

---

28. Indicações referentes ao assunto encontram-se nos tombamentos realizados pela Câmara de Vila Rica em 1734 (Livro do Tombo n. 38 — *APM, CMOP*), em 1812 (*Arq. Prefeitura Municipal de Ouro Preto* — Livro 264); Feu de Carvalho, "Reminiscência de V. Rica", *Rev. APM,* ano XIX, Salomão de Vasconcellos, "Primeiros Aforamentos de V. Rica" (*Rev. SPHAN n. 5*); Diogo de Vasconcelos, "As obras de Arte", *(Bicent. de Ouro Preto)* e em referências esparsas de outros autores ou documentos originais.

Todas as igrejas e edifícios principais da Vila balizam esta rua tronco com poucas exceções. A capela das Mercês e Misericórdia é fruto de uma variante que, partindo das Cabeças, através do Campo do Raimundo, Água Limpa e o Outeiro, hoje, de São Francisco de Paula, vem ter ao Morro de Santa Quitéria, sem voltear pelo centro e a capela de Mercês e Perdões encontra-se no caminho que busca a Barra.

Povoa-se, a princípio, este eixo longitudinal da Vila, mais nos seus extremos, de um lado do Morro de Pascoal da Silva, no Padre Faria e no Alto da Cruz; do outro em torno do Rosário e Pilar, caminhando, depois, para o centro, para o seu eixo transversal, constituído pelo espigão do Morro de Santa Quitéria. (Fig. 10).

Neste movimento contrípeto, com a construção da antiga Casa da Câmara e Cadeia[29] e depois do Palácio dos Governadores (por volta de 1740), unem-se as duas freguesias e, com a delimitação do centro administrativo, estabelece-se o núcleo principal da povoação. Este núcleo, configurado pela Praça do Palácio, ampliada em 1797 para desafogar a Casa da Câmara e Cadeia[30], é aqui, uma conseqüência do povoamento já existente e não origem dele, correspondendo mais aos limites de duas povoações vizinhas que centro de irradiação delas[31].

Um novo ciclo de desenvolvimento, agora centrífugo, se inicia, originando os novos arruamentos, por

29. Já em 1716 conf. Atas CMOP em *Rev. APM,* 1921, p. 14 se faz referência á abertura da Praça.

30. APM, CMOP, cód. 120-A, p. 168.

31. As lutas que desde as desordens entre os paulistas e emboabas depois se manifestaram em razão da rivalidade entre as duas freguesias (Ver por exemplo controvérsias sobre os direitos defendidos por cada Matriz, em empossar os Governadores — *Rev. APM,* 1912, p. 356), converteram-se posteriormente, amenizadas, nas competições das referidas freguesias em torno de suas festas religiosas, algumas das quais, da Semana Santa, por exemplo, realizam-se, alternadamente, cada ano em uma delas. Por sua vez apelidos, mocotós para os fiéis da Matriz do Pilar e jacubas para os de N. Sra. da Conceição, lembram a origem heterogênea da cidade. É curioso ainda anotar que as duas matrizes foram construídas uma de costas para a outra, o que confirma ainda o povoamento inicial mais nos extremos da povoação para onde se voltavam às referidas igrejas.

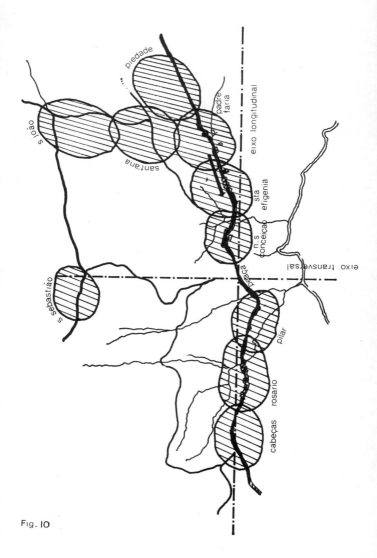

Fig. 10

isto mesmo, chamados de *Caminho Novo* ou *Rua Nova, do Palácio, da Cadeia,* etc. Ramificam-se as saídas e desdobram-se os arruamentos paralelos ao principal, ligados, geralmente, por simples serventias de passagem, travessas, vielas ou becos, infelizmente, em grande parte desaparecidos por incorporação a propriedades confinantes, facilitada pela decadência da cidade. (Fig. 10a)

Estabelecido o centro administrativo, constroem-se as obras públicas mais importantes, as pontes e chafarizes, correspondendo ao período áureo da Vila, no Governo de Gomes Freire de Andrade. Praticamente todas estas obras se erguem entre 1740 e 1760. A Ponte de S. José, em 1744, a do Padre Faria, em 1750, a do Caquende, em 1753, a de Antônio Dias, em 1755 e a do Pilar, em 1756. Os chafarizes do Alto do Padre Faria e o de Henrique Lopes são de 1742, o de Santana de 1745[32], o da Praça (demolido) e o do Fundo do Padre Faria, de 1744, o de S. José (dos Contos) de 1745, o dos Quartéis de 1746, o da Rua do Ouvidor, o da Ponte e a Fonte do Ouro Preto de 1752, a do Alto da Cruz de 1757[33].

. Convém frisar que o eixo longitudinal da povoação e as suas ruas mais importantes fazem-se no mesmo sentido do vale e da serra do Ouro Preto, vencendo, com inadequada valentia, as ondulações dos contrafortes que se antepõem à diretriz estabelecida, sem maior obediência, como seria de desejar-se, à topografia do lugar. Raramente procuram adaptar-se às curvas de nível do terreno, só aproveitadas quando impostas por interesse especial, tal o caso da Rua do Rosário. Em geral, não atendem às conveniências dos planos naturais, amenizando-se apenas, nas ladeiras, pelo colear tão característico dos caminhos abertos pelo trânsito (Fig. 11).

Posteriormente, com tecnicismos mal compreendidos, são os arruamentos abertos em retas, por vezes de tal modo íngremes que quase impossibilitam o trânsito, obrigando soluções pouco satisfatórias, como sejam os

32. Risco de Alpoim — Cód. 51, CMOP, p. 34.
33. Ver Feu de Carvalho, *Pontes e Chafarizes de Ouro Preto.* As referências são às construções definitivas em pedra, porquanto antes destas existiram outras, principalmente as pontes, precárias, de madeira.

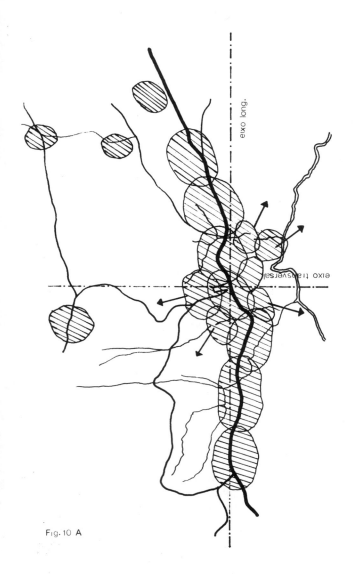

Fig. 10 A

degraus que vão batizar a Rua das Escadinhas (atual Randolfo Bretas, antiga Ladeira Simão da Rocha). Degraus mais largos, patamares, aparecem também compondo os planos onde assentam as construções. A passagem se faz em faixa mediana estreita que, mais tarde, com o calçamento, ainda se mantém, por tradição, compondo-se em passeios centrais, de lajes, conhecidos por *capistranas*. Quando as vias públicas são, afinal, tratadas por inteiro[34], construindo-se os seus passeios laterais, em geral de lajes do lugar — os da Rua S. José de "pedras de S. Tomé das Letras"[35], tornam-se, por vezes, necessários aterros e desaterros nas frentes das construções, de que freqüentemente se encarregam os próprios moradores. Acordam, por exemplo, os vereadores, em 1745, que

os moradores do córrego do Caquende para diante até o alto das Cabeças, todos saíssem com suas testadas a rua calçando-as até confrontarem com a calçada nova[36].

Todos os patamares que tenham mais de dois palmos e meio são cortados por ocasião do calçamento, cujas faixas laterais, de "três palmos de beira de cada lado"[37], são os donos das casas obrigados a fazer.

Havendo desacordo entre a rua e os pisos das casas, ficam estas em parte soterradas ou elevadas, como ainda hoje se mostram, só sendo mantidos os seus patamares quando a retirada destes compromete a estabilidade de determinada construção. Neste caso, reduzidos à largura do passeio, ou ainda menores, arrimam-se em cortinas de alvenaria, com escadas para o trânsito. Estes pedrais, freqüentes em outras regiões do Estado, como no arraial do Tijuco, cidade de Diamantina, são, todavia, raros, em Vila Rica, mandando a Câmara que se notificassem os proprietários, como o foi João da Costa em 1747, para "demolir um patamar e calçar a testada das casas que tem no Rosário de Ouro Preto"[38].

Verifica-se, também, que o calçamento dos logradouros públicos, iniciativa objetivada desde os primei-

34. Em geral com 12 palmos de largo (APM, Cód. 41 CMOP, fls. 108).
35. Moreira Pinto, "Ouro Preto", "Jornal do Comércio", 1902, transc. *Rev. APM*, 1906, p. 693.
36. APM, CMOP, Cód. 52, p. 6-7.
37. APM, CMOP, Cód. 41, p. 108.
38. APM, CMOP, Cód. 52, p. 78.

ros tempos, de 1741 em diante toma grande incremento, sendo então refeitos alguns já existentes[39] e prolongados ou iniciados outros. A isto obrigariam também as violentas enxurradas que descem os morros[40] e que só deixariam de ofender as ruas quando estas fossem pavimentadas com

> boas pedras metidas de tição que fiquem bem ligadas e unidas umas com as outras para que se não arranquem e que sejam grandes e duras, de palmo para cima, ao menos, de comprido, para poderem resistir às umidades das águas e exercício contínuo das ferraduras dos cavalos e carros[41].

Em certos casos, exigem-se também paredões ou cortinas capazes de conter os desbarrancamentos provocados pelas águas. Quando as ruas não se cordeiam pelas casas,

> por cujo motivo não haja donde fazer segurança nos cordões de fora dos lados das calçadas... tornam-se necessárias pedras grandes tais que bem bastem, metidas a pique, para sustentar e acompanhar as mais[42].

Estes cordões, os *guinetes*[43], se fazem também pelo meio de fortes ladeiras, com ramificações laterais, como arrimo ao calçamento que, de pedras redondas, pouco aprofundadas no solo e assentadas em barro, com "2 palmos de altura"[44], poderiam, sem esta providência, ser arrancadas pelas enxurradas.

No fim do século XVIII, desligam-se as estradas propriamente ditas das ruas, que apenas continuam, mandando fazer D. Rodrigo de Meneses, em 1782, a de Mariana,

> onde se admira o excelente passeio que, sendo escabroso, hoje rodam por ele carruagens[45].

Poucas referências são encontradas sobre a iluminação pública, que só bem tarde se instalaria em Vila Rica. Valem-se os transeuntes noturnos de tochas de variados materiais, como por exemplo as de canela de ema de que serviam também as procissões de pe-

39. APM, CMOP, Cód. 41, 77-v.

40. *Ib.*

41. *Ib.*

42. *Ib.*

43. *Ib.*, p. 108.

44. *Ib.*

45. Descrição Geográfica, Topográfica, Histórica e Política da Capitania das Minas Gerais" (1781), *Rev. Inst. Hist. Geog. Bras.*, t. LXXI, Parte I, p. 174.

nitência[46]. Os frontispícios das casas ornam-se de tigejas de barro, com pavios, alimentados por azeite ou sebo "que em grande cópia nas janelas ardem"[47] nas noites de festa ou, para facilitar a guarda, bruxuleiam na escuridão que envolve a cadeia[48]. A pouca luminosidade que proporcionam determina seu grande número, que chega a 4000 no Senado por ocasião das festas descritas nas *Cartas Chilenas*[49]. Dispõem-se também de velas de cera, que, com suas bojudas proteções de vidro[50], prendem-se nas fachadas, principalmente quando estas incluem balcões ou varandas. Só as festas, todavia, condicionam a iluminação pública, que, permanentemente, aparece apenas nos oratórios externos ou em um ou outro edifício público. Mais tarde, seria o azeite substituído pelo querosene[51], em lanternas e lampiões que ainda em 1902 Moreira Pinto[52] encontra nas ruas, todavia, já sendo providos de postes para a iluminação elétrica.

## 4. *Zoneamento*

O zoneamento define-se nas vertentes, demarcando-se pelos eixos transversais da vila, que acompanha os espigões dos contrafortes da serra do Ouro Preto e os cursos d'água que os delimitam. Diversas pontes transpõem estes cursos d'água, estabelecendo a necessária ligação entre as vertentes e, de tal modo se evidenciam na configuração urbana, que delas se serve Tomás Antônio Gonzaga, ao descrever o roteiro de sua travessia:

46. Furtado de Meneses, "A Rebelião em Ouro Preto", *Bicent. de Ouro Preto,* p. 305.
47. *Cartas Chilenas,* p. 207.
48. APM, CMOP, cód. 250, p. 255 (1832).
49. Como as lanternas que se colocavam na cadeia nos dias de festa, conforme *APM, CMOP, Cód.* 230, p. 119 (1830).
50. A iluminação a gás foi dada pelo Decreto 3456 de outubro de 1887, com privilégio por 30 anos, a Agostinho Penido. Vitor Silveira, *Minas Gerais de 1925,* p. 691, não podendo ser apurado se se tratava de gás de querosene ou de gás pobre, de carbureto ou carvão.
51. "Ouro Preto", Jornal do Comércio, 1902, transc. em *Rev. APM,* 1906, p. 693.
52. Cf. Cônego Raimundo Trindade em *Const. da Igreja de S. Francisco de Assis.*

> Entra nesta grande terra,
> Passa uma formosa ponte,
> Passa a segunda, a terceira
> Tem um palácio defronte.

A subdivisão da Vila foi sempre facilitada pelas suas pontes e outeiros, como se pode, ainda, depreender, por exemplo, da relação dos presidentes da Ordem 3.ª de São Francisco, um para cada bairro existente em 1771, conforme consta do Livro 1.º de Eleições (aquivo da Ordem), fls. 45:

Manuel Gonçalves Saragoça, da Boa Vista e Bocaina; Domingos Gomes Rodrigues, do Passa-Dez até a Ponte do Rosário; João Martins, do Morro do Ramos; Manuel Rodrigues, do Rosário até a Ponte de Ouro Preto; Vicente Ferreira de Almeida, da Ponte do Ouro Preto até a Praça; José Soares Pôrto, da Praça até a Ponte de Antônio Dias; Antônio Martins, da Ponte de Antônio Dias até o Alto da Cruz; Francisco da Costa Guimarães, do Alto da Cruz ao Taquaral; Domingos Pires, do Ouro Fino; Manuel de Oliveira Nogueira, da Pedra Branca e Manuel Teixeira de Barbosa, do Morro da Queimada.

A primeira zona da Vila vai da ponte do Passa-Dez ao alto das Cabeças; a segunda, daqui à ponte do Caquende ou do Rosário; a terceira desta à de S. José; a quarta até a Praça. Descendo para Antônio Dias a quinta zona compreende-se entre a Praça e a Ponte dos Suspiros, de Marília ou de Dirceu; a sexta vai desta última ao Alto da Cruz — Sta. Ifigênia — e a sétima e última deste outeiro à ponte do Padre Faria. A cada uma corresponde uma fisionomia, um valor, quase uma característica própria.

Num só caso se limita uma zona entre duas pontes — S. José e Caquende — em área mais plana, deslocando ligeiramente para o oeste o centro principal e comercial da Vila, antes tentado na Praça da Câmara, hoje Tiradentes, onde se construíram os edifícios destinados à administração pública[53] que mais tarde, com a República, também desceram para o trecho plano citado (Secretarias do Estado). As zonas que se limitam com aquela Praça se bem permitam comércio esparso, reservam-se mais para as residências das classes de maiores recursos.

Nas zonas extremas mora a pobreza, servida por pequenos núcleos de comércio próprio.

---

53. Salvo os primitivos, precários e provisórios de que se serviu a Vila em seus primeiros tempos.

A concentração comercial é, desde cedo, favorecida, também, por disposições legais, acordando, com tal objetivo, os vereadores, em 1713,

> proibir a que não houvesse no distrito desta Vila, em distância de uma légua, loja de fazenda, seca ou molhada ou qualquer vendagem de nenhuma sorte, pelo prejuízo que se seguia à povoação desta Vila e diminuição do aumento dela, como também aos mercadores dela[54].

Em 11 de janeiro de 1714, proibiam ainda, "as tavernas e cozinhas nas lavras em que se minerar ou faiscar... de qualquer gênero que fosse, de comestível e bebidas"[55], acrescenta o edital.

Outra concentração curiosa, ainda que incipiente, e que aparece com freqüência em todo o país, é a profissional, determinada pela reunião em um só local de oficiais do mesmo ofício. São aqui o Beco da Ferraria, a Ladeira dos Caldeireiros, a Rua dos Mercadores, etc., etc.

---

54. "Atas da Câmara de Vila Rica", *Anais de Bibl. Nacional,* 1927, p. 266.

55. *Ib.,* pp. 297 e 298.

# 4. DAS CONSTRUÇÕES

## 1. *Legislação*

Desde que assumia a Coroa o encargo da organização efetiva das povoações, transformando-as em vilas, cuidava, imediatamente, de traçar as normas reguladoras de sua existência, entre as quais se encontram as referentes à arquitetura e urbanismo. Mandava, por exemplo, em 1761 a José Pereira Caldas, Governador do Piauí, que

sendo presente o povo, determineis o lugar mais próprio para servir de praça a cada uma das ditas vilas, fazendo levantar no meio delas o pelourinho, assinando área, para se edificar uma igreja, capaz de receber um competente número de fregueses, quando a povoação se aumentar, como também das outras áreas competentes para as casas das recreações e

*87*

audiências, cadeias, e mais oficinas públicas, fazendo delinear as casas dos moradores por linha reta, de sorte que fiquem largas e direitas as ruas[1].

Queria, ainda, que as casas fossem

sempre fabricadas na mesma figura uniforme, pela parte exterior, ainda que na outra parte interior as faça cada um conforme lhe parecer, para que desta sorte se conserve a mesma formosura nas vilas, e nas ruas delas a mesma largura, que se lhe assinar nas fundações[2].

Normas idênticas, mais drásticas, talvez, por retroagirem, constam da carta de D. João V a Gomes Freire de Andrade enviada por ocasião da elevação da Vila do Carmo à cidade de Mariana:

se lhe ordena que façam logo planta da nova povoação, elegendo sítio para praça espaçosa, e demarcando as ruas, que fiquem direitas, e com bastante largura sem atenção a conveniências particulares, ou edifícios que contra esta ordem se achem feitos no referido sítio dos pastos, porque se deve antepor a formosura das ruas, e cordeadas estas se demarquem sítios em que se edifiquem os edifícios públicos, e depois se aforem as braças de terra, que os moradores pedirem, preferindo sempre os que já tiverem aforado no caso em que seja necessário demolir-se parte de algum edifício para se observar a boa ordem que fica estabelecida na situação da Cidade... ficando entendendo eles oficiais da Câmara e seus sucessores que em nenhum tempo poderão dar licença para se tomar parte da praça, ou das ruas demarcadas, e que todos os edifícios se hão de fazer à face das ruas, cordeadas as paredes em linha reta[3].

Para a fiscalização da obediência dos povos a estas determinações elegiam-se os almotacés que

conhecerão das demandas que se fizerem sobre o fazer, ou não fazer de paredes de casas, de quintais, janelas, frestas e eirados, ou tomar, ou não tomar de águas de casas, ou sobre meter traves, ou qualquer outra madeira nas paredes, ou sobre estercos, e imundícies, ou águas que se lançam, como não devem, e sobre canos, e enxurros, sobre fazer de calçadas e ruas. E aos almotacés pertence também embargar, a requerimento da parte, qualquer obra de edifício, que se fizer dentro da Vila, ou seus arrabaldes, pondo a pena, que lhes parecer, até se determinar a causa por direito. E a pessoa que depois de dito embargo fizer mais obra sem mandado de justiça, que para ele tenha poder, incorrerá na dita pena, e desfar-se-á toda a obra, que assim depois fez, posto que mostre que de direito a podia fazer[4].

1. Carta Régia transcrita por Paulo T. Barreto em "O Piauí e sua arquitetura", *Rev. SPHAN n. 2*, p. 189.
2. *Ib.*
3. APM, Cód. 45 (1747), 27-v.
4. *Ordenações e Leis do Reino de Portugal*, Livro 1., (Lisboa — 1747).

Completando as referências aos edifícios e servidões, dispõem as *Ordenações do Reino* sobre que se pode fazer *ou não fazer* nas construções particulares, compondo, assim, o Código de Obras da época. Podem ser feitos eirados com peitoril, janelas, frestas e portais desde que não descubram casa ou quintal alheio, caso em que só se permitem seteiras, que não prevalecem, contudo, sobre o vizinho, desde que queira levantar parede, tapando-as. Para reclamar contra as aberturas devassantes especifica-se ano e dia, terminados os quais não são mais obrigados seus proprietários a fechá-las. Em beco não se permitem janelas nem portas, sem licença dos almotacés e oficiais da Câmara, que só a dão quando absolutamente necessárias. Não podem ser feitas escadas na rua, de modo a impedir o livre trânsito do vizinho, nem ramada ou alpendre que impeça a serventia da rua. Podem ser feitos balcões ou abóbadas ligando casas situadas em dois lados das ruas, mas o ar debaixo e acima destas construções pertence o Conselho, podendo, assim, este, derrubá-las quando necessário. Querendo alguém lançar as águas de suas casas na rua, pode-o fazer, mas de modo que não faça dano aos vizinhos ou aos que passarem pela mesma rua[5].

Por sua vez, completam as Câmaras as determinações da legislação do Reino com as suas próprias, estabelecendo o aforamento prévio dos terrenos destinados a receber construções, licenças para as mesmas, etc. Resolve, por exemplo, a de Vila Rica, em 30 de janeiro de 1712

que se devia levar dos foros que se fizessem neste Senado a meia oitava por cada braça de terra que ocuparem em as catas que se fizerem nesta Vila e seu distrito[6].

Este foro seria, depois, anulado pelo rei quando, confirmando a doação da sesmaria, dele exime as terras minerais. Já em 5 de março do mesmo ano

porquanto muitas pessoas que fabricam ranchos nesta Vila o fazem sem licença deste Senado, não obstante o ter-se posto edital em que se lhes proíbe o levantá-los sem licença... o que é em prejuízo das rendas do Conselho, ordenaram que toda a pessoa que levantar rancho sem a dita licença seja condenada na postura do Conselho e se lhe mande botar

5. *Ib.*
6. "Atas da Câmara Mun. de Vila Rica", in *Anais da Bibl. Nacional* (1927), p. 227.

abaixo à sua custa, e o mesmo se entenderá com os que os tiverem principiado antes do dito edital, não estando realmente acabados e com todos aqueles que quiserem reedificar alguma casa das que estão feitas para que desta forma se vão endireitando as ruas...[7].

E tão seriamente é levada a resolução, que já em setembro do mesmo ano foi condenado, entre outros, André Ramalho, em 16 oitavas de ouro, apenas por "fincar um esteio no canto das suas casas em que vive, sem licença"[8].

Em 1745 proíbe-se a Manuel Rodrigues de Oliveira, que ponha portais em determinada parede onde "só sim deixará porta para a sua serventia do quintal"[9], devendo o mesmo retirar os referidos portais já colocados junto ao paredão do chafariz da fonte nova e só continuar com a parede, de barro como era a antiga, depois de acabada a fonte. A Francisco de Sousa notifica-se no mesmo ano para que "em termo de três dias com pena de prisão e de trinta oitavas, tape uma porta que tem para um beco em uma venda"[10].

Os prazos concedidos são muitas vezes curtos, notificando-se, por exemplo, ao Dr. Antônio Moreira de Melo

para que em termo de 24 horas demula uma tapagem de esteiras e paus que se encontra nos fundos de umas casas que tem na Rua de S. Quitéria[11].

Para facilitar a cobrança dos foros devidos, determinam os vereadores em 19 de abril de 1713 "que se pusessem números nos ranchos foreiros"[12].

Especificações detalhadas vão surgindo com o correr do tempo, por toda a colônia. Algumas são minuciosas, mandando

7. "Atas da Câmara Mun. de Vila Rica", in *Anais da Bibl. Nacional* (1927), p. 230.

8. *Ib.* p. 249.

9. APM — Cód. 120, p. 11. Aliás, proibições a portas traseiras são freqüentes. Por exemplo: acordaram os vereadores em 1718 "fazer logo execução um despacho do Exmo. Sr. General para que os moradores do Pe. Faria fechassem as portas de trás de suas casas por queixas que houve" (Atas CMOP em *Rev. A.P.M.* 1937, p. 77).

10. *Ib.*, p. 59.

11. APM Cód. 120, p. 79 — v.

12. "Atas da Câmara Municipal de Vila Rica", em *Anais da Bibl. Nacional* (1927), p. 267.

cordear os terrenos e metrificar a arquitetura das frentes dos edifícios, de maneira que pelo decurso do tempo todas se venham a igualar,
delimitando-se terem as casas

20 palmos de altura, desde a soleira até a superfície do frechal, da superfície do primeiro soalho até a do segundo 20 palmos de altura, da superfície do segundo soalho até o terceiro, 18 palmos e daí para cima, diminuirão um palmo por cada andar, as ombreiras devendo ter 12 e meio palmos de altura, as portas e janelas a mesma altura e seis palmos limpos de largura[13].

Em Vila Rica, a topografia, a desobediência dos súditos, o relativo afastamento da Metrópole[14], o desenvolvimento rápido e a improvisação levariam ao menosprezo normas assim tão rígidas. A *mesma figura uniforme* por exemplo, só aparece em raros trechos da povoação[15], provavelmente em casas de um só dono, geminadas, como na Rua Alvarenga Peixoto 40-52[16], em sítio fronteiro à Igreja de Bom Jesus de Matozinhos, nas Cabeças, ou em alguns sobrados da Praça Tiradentes. Nesses últimos, evidencia-se a preocupação pela unidade do conjunto, obtida por intermédio de um mezanino introduzido entre o 1.º e o 2.º piso, cuja altura, variável, compensa a declividade do logradouro, nivelando os pavimentos superiores. Esta solução inusitada sugere trabalho de profissional não muito afeito aos costumes locais e mais atento aos preceitos vigentes no litoral.

13. Gilberto Freire citando "Anais da Bibl. de Pernambuco" na *Rev. do SPHAN* n. 7 (Casas de Residências no Brasil, p. 105). Em V. Rica, conf. Atas da sua Câmara, havia o cargo de *arruador,* conf. *Rev. APM,* 1937, p. 131.

14. Afastamento por caminhos dificultosos que por largo tempo impediram o estabelecimento do correio regular nas Minas. Em 1712, conf. "Atas da Câmara" em *Anais da Bibl. Nac.,* v. 49, p. 240, recebem os vereadores uma "carta de apresentação para o estabelecimento do correio", mas em maio de 1784 ainda pedia Cunha de Meneses ao vice-rei a efetivação deste correio, conf. *Rev. APM,* 1900, p. 117.

15. Milliet de Saint Adolphe cit., por Manuel Bandeira no *Guia de Ouro Preto,* p. 37, refere-se às "casas edificadas sem simetria, em outeiros desiguais".

16. Chamados Bonserá. João Camilo de Oliveira Tôrres, em *O Homem e a Montanha,* p. 176, explica que Bonserá se refere aos Boticários que, pelos regulamentos em vigor, deviam saber ler, escrever e contar; bom será que saibam um pouco de francês. Talvez as casas citadas tenham sido ocupadas por boticas.

Em geral, porém, fazem-se as habitações ao arbítrio de seus proprietários até que, pela resolução de 1795, acordam os vereadores, em não

conceder a pessoa alguma licença para reedificar ou edificar casas, ou outro qualquer edifício, sem que primeiro apresente em requerimento o prospecto, com que a quer edificar, declarando a rua ou o lugar que tudo deverá ser examinado, pelo Procurador da mesma Câmara, para em conseqüência da resposta, se deliberar, se se deve ou não conceder a licença[17].

Para melhorar o aspecto urbano, resolve a Câmara em maio do mesmo ano que "os moradores nesta Vila são obrigados a limpar suas testadas" não lançando "cousas imundas nas ruas, ou becos públicos, nem nos canos, que desaguam para eles debaixo da pena de meia oitava de ouro de condenação"[18] e que "toda pessoa que possuir terras nos Arrabaldes e Termo desta Vila, será obrigado a descortinar as estradas da sua demarcação"[19].

Há ainda determinações curiosas que, mesmo não se referindo à arquitetura, dão idéia exata da minúcia a que se apegavam os legisladores de então. Em 1726 proíbem que se "façam farinhas de beijus... debaixo de pena de cadeia e quatro oitavas de ouro"[20] e, em 1795, determinam a prisão e castigo de "toda a pessoa que se achar assobiando de noite"[21]. Prendem-se também, e multam-se, todas as pessoas que forem achadas "cavando, ou faiscando nas calçadas, e paredões desta Vila, e por baixo das pontes dela, com pau, ferro, ou outro qualquer instrumento que sirva de tirar-lhes as areias, incluindo-se "toda a pessoa que na sua testada consentir tais faiscadores"[22].

## 2. *Prospectos e ofícios*

Os edifícios mais importantes da Vila Rica, como de toda a Colônia, obedecem sempre a prospectos previamente elaborados e sujeitos à aprovação da Coroa. Estes riscos, em escala adequada, acompanhados de

17. APM, CMOP, Cód. 120, p. 119.
18. APM, Cód. 120-A, p. 11.
19. *Ib.*
20. APM, Livro de Acórdãos n. 258.
21. APM, CMOP, Cód. 120-A, fls. 11.
22. *Ib.*

*92*

seu *petipé,* medem-se em palmos e são em geral desenhados a traço, em aguadas, coloridos ou não, sobre papel branco ou pergaminho, tal como o que "se comprou ao livreiro para os riscos" da Matriz do Pilar, em 1727[23]. Vez por outra aparecem perspectivas axionométricas, facilitando o entendimento conjunto das fachadas principal e laterais. Para os interiores, ocorrem cortes detalhados ou esquemáticos.

Infelizmente, esses prospectos, em sua quase totalidade, perderam-se ou jazem esquecidos nos arquivos portugueses, sendo raros os disponíveis na atualidade. Entre estes, em Vila Rica, podem ser citados o da Casa da Câmara e Cadeia e os desenhos encontrados nas paredes dos consistórios de dois de seus templos: um, na Igreja de N. Sra. do Carmo, em escala natural, a carvão, corrigido a sanguínea, e referente a um de seus altares laterais, e outro, na de S. Francisco, correspondendo à sua fachada.

Mais conhecidas são as *condições,* que sempre aparecem juntos aos autos de arrematação, completando, esclarecendo ou, em certos casos de obras menores ou empreitadas parciais, como as de pintura, substituindo os riscos. Algumas são sumárias, especificando, apenas, o preço da empreitada; outras, porém, são minuciosas, estabelecendo processos construtivos, confirmando dimensões, determinando a qualidade dos materiais a serem empregados e marcando tempo para a entrega da obra.

Estas, quando de iniciativa da Coroa ou do Senado da Câmara, são postas em hasta pública para que, examinados os respectivos desenhos e especificações, as arrematassem os interessados, global ou parcialmente, com referência aos serviços de pedreiro, carpinteiro, pintor, etc. Pode ainda a empreitada referir-se apenas à mão-de-obra, dando o proprietário os materiais necessários, contribuição esta mais freqüente, quando são estes de difícil obtenção, como no caso do ferro. Outras vezes trabalha-se com mão-de-obra gratuita, fornecida por escravos ou galés[24].

23. *APM, Livro* 4, da Receita e Despesa da Irmandade do SS. Sacramento, p. 30.
24. APM, CMOP, Cód. 53, p. 5 e Cód. 505, s/n.

Os arrematantes se obrigam a fianças suficientes, o mais das vezes objetivadas por "fiadores chãos e abonados"[25], que respondem pelas obrigações do afiançado, nelas empenhando seus bens e sua própria pessoa. Não cumpridas as estipulações, deixa o arrematante de receber os pagamentos combinados, respondendo, ainda, pela demolição e reconstrução das obras mal executadas. No caso de faltas graves, não sanadas em tempo, são os empreiteiros ou seus fiadores presos até final solução da pendência[26]. Terminada a obra, é a mesma examinada por louvados idôneos, para dizerem sobre a sua boa ou má fábrica e o cumprimento das obrigações contraídas.

Se bem determinadas obras, por sua importância ou destinação sejam devidas a engenheiros militares, a clérigos, ou mesmo a simples curiosos, na falta de profissional habilitado, na maioria dos casos são da responsabilidade de mestres de ofícios, sujeitos a exames de licença, mais ou menos de acordo com as *regras firmadas pelo Regimento dos Oficiais Mecânicos, compiladas pelo Licenciado Duarte Nunes Leão, em 1572*[27], origem da regulamentação profissional contemporânea.

As cartas de habilitação são concedidas após exames conduzidos pelos juízes dos ofícios e devem sempre ser registradas nas Câmaras das Vilas para as quais, porventura, tenham seus possuidores se transportado. Os citados juízes são eleitos anualmente pelos profissionais de cada ofício, convocados pela Câmara e prometem perante o presidente do Senado, sob juramento, exercer seu mandato com "todos os prós e percalços"[28], encarregando-se dos aludidos exames, das louvações, da dirimência de dúvidas e distribuição dos serviços. Em Vila Rica, conforme as Atas de sua Câmara, a

25. "Apont. para as obras na Casa Forte em Vila Rica", em *Rev. APM, ano VI*, p. 578.

26. Nas obras da Casa da Câmara e Cadeia, em 1746 é, por exemplo, preso o empreiteiro Manuel Alves de Azevedo (*APM, Doc. avulso*).

27. Luís Camilo de Oliveira Neto, "João Gomes Batista", em *Rev. do SPHAN*, n. 4, p. 85, citando Correia V — Livro dos Registros dos Oficiais Mecânicos da Mui Nobre e sempre Leal Cidade de Lisboa, Coimbra, 1926.

28. APM, CMOP, Cód. 44, 95-v. (1743).

primeira eleição de juízes de ofícios[29] foi tentada em 1713, mas, de acordo com Salomão de Vasconcellos, até 1725 prevaleceu no lugar o regime do trabalho livre; em seguida, na falta de oficiais habilitados, estabeleceu-se o regime das licenças provisórias, válidas de 6 meses a um ano. Isto, porque os interessados pouco correspondiam aos reiterados convites da Câmara para se submeterem ao necessário exame, mais freqüente apenas entre os sapateiros, alfaiates e ferreiros[30], em virtude, talvez, da fiscalização mais fácil a que estavam sujeitos, em razão da natureza de seus trabalhos obrigá-los à permanência contínua em locais fixos. Na capitação de 1715, aparecem 14 sapateiros, 12 alfaiates, 11 carpinteiros, 8 ourives, 6 tocadores de gado, 6 ferreiros, não havendo referência, neste ano, a pedreiros, sejam alvanéus ou canteiros[31]. Esta lacuna conduz à hipótese deste mister ter sido exercido indiferentemente pelo próprio interessado, por trabalhadores comuns ou pela escravaria.

Em 1725

"os juízes, vereadores e procurador da Câmara desta Vila Rica" fazem saber que "havendo consideração a que muitos oficiais de pedreiros e carpinteiros tomam obras grandes e pequenas de empreitada sem serem examinados pelos seus juízes de ofício, como se costuma em todas as partes do Reino, por cuja falta de examinação fazem muitas obras imperfeitas em prejuízo dos donos delas, por cuja razão ordenamos que nenhum oficial dos ditos ofícios acima declarados não tomem obras de empreitada, por pequenas que sejam, sem serem examinadas pelos juízes dos seus ofícios, e tendo os ditos oficiais cartas passadas em outras partes, as apresentem a este Senado para se confirmarem, com pena de que todo o que faltar às sobreditas condições será condenado de cada vez em 12 oitavas para as despesas de Senado e trinta dias de cadeia, fora as custas dos oficiais que fazem a execução, e incorrerão nesta pena os juízes dos ditos ofícios que, por amizade, deixarem trabalhar os ditos oficiais sem serem examinados"[32].

Contra estas determinações insurgem-se os pedreiros e os carpinteiros, alegando que

no Reino não tiram licença os jornaleiros, e só sim os que trabalham em suas casas e em sua loja aberta, e como isso mesmo se praticou nesta Vila...[33].

29. Anais Bibl. Nac., v. 49, p. 258.
30. "Ofícios mecânicos em Vila Rica durante o século XVIII", in *Rev. SPHAN* n. 4, p. 331.
31. APM, SC, Cód. 2.
32. Salomão de Vasconcellos, art. cit., p. 334.
33. *Ib.,* p. 343.

**Sobrado que serviu aos entalhadores da Capela de N. S. do Carmo.**  Fig. 12.

De 1730 em diante, passariam, porém, a ser mais fiscalizadas as atividades dos pedreiros.

As referências encontradas nos documentos a *mestres* devem corresponder aos oficiais excepcionalmente habilitados ou aos que acumulassem ofícios, não existindo dispositivos legais que condicionassem esta designação.

A constituição de 1824 extingue as corporações de ofícios, mas já em 1800, cogitando-se da formação escolar dos técnicos necessários, que com o tempo, viriam a substituir os oficiais mecânicos, propõem as Câmaras da Capitania, com a aprovação do rei, o estabelecimento de um imposto de

papel selado, uma taxa que possa produzir os fundos necessários para dar pensões alimentares e anuais a dois engenheiros topógrafos, a dois engenheiros hidráulicos, a um médico, a um cirurgião e a um contador que as ditas Câmaras deverão mandar estudar no Reino[34].

Antes, já haviam aparecido em Vila Rica os engenheiros, militares[35], como o sargento-mor-engenheiro José Fernandes Pinto Alpoim. Esses profissionais, todavia, responsabilizavam-se mais pela elaboração de riscos, não se encarregando com freqüência das construções.

Os grupos profissionais que atuaram na capitania seriam, a princípio, compostos de emigrados mas, desde logo, se ampliaram com a formação de oficiais do lugar, habilitados através do aprendizado direto nas oficinas, mais voltadas para as artes, ou nas construções, com maior interesse técnico. A longa duração das obras, o cuidado com que, muitas delas, eram realizadas, e a simultaneidade, em que tantas se fizeram, explicam suficientemente o grande número de artesãos nelas formados, responsáveis pelos valiosos monumentos edificados na Capitania no decorrer do século XVIII.

34. APM, SG, Cód. 291.

35. Taunay, "Assuntos de 3 séc. coloniais", em *Anais do M. Paulista,* t. XII, 182. "Os engenheiros militares contribuiram poderosamente para o impulso à arquitetura e à engenharia da época" (colonial). R. Smith — *Arq. Col. Baiano,* 24 — "Traçando plantas, delineando projetos e dirigindo obras civis, foram os engenheiros militares os principais arquitetos profissionais na América Portuguesa nesse período do séc. XVIII".

A conjunção da influência da tradição lusitana com as imposições do novo meio para onde se transplantaram, o conhecimento imediato das novas tendências plásticas européias de que faz menção o vereador Joaquim José da Silva ao referir-se ao *melhor gosto francês*[36] com que se caracterizavam as obras do Aleijadinho, em contraposição ao relativo afastamento do lugar em relação ao litoral, mais sujeito às influências da Metrópole, e as tendências nacionalistas, sempre presentes na inquieta população das Minas, explicam as interpretações próprias que apareceram na arte mineira, principalmente notadas na arquitetura de Antônio Francisco Lisboa. Releva acrescentar ainda que surgiram, de tal situação, iniciativas de *aulas de arquitetura e desenho* sob a responsabilidade de artistas nativos como Ataíde ou Antônio Teixeira dos Prazeres[37], que aos 19 anos de idade já era professor.

São estes artistas que, formados na escola prática da profissão, em pouco dispensariam os alienígenas, responsabilizando-se também pelo ensino das artes e ofícios entre nós, inclusive o ensino teórico, nas citadas *aulas* que em 1818[38] Ataíde pede sejam oficialmente criadas em Mariana, para isto apresentando atestados idôneos e dispondo-se a provar sua capacidade. Nasce assim uma verdadeira escola regional, mineira, de arte, paralela à literária, que, ao mesmo tempo, se desenvolvia, aliás, possibilitando até mesmo a exportação de artistas para outras regiões da Colônia, como, entre outros, José Joaquim da Rocha[39], para a Bahia, José Patrício da Silva, para S. Paulo[40], etc., sem falar naqueles que, nascidos nas Minas, se criaram fora delas, como o Mestre Valentim.

36. Rev. APM, Ano 1, p. 170.

37. "Professor da arte de Pintura" conf. autos da demanda entre Ataíde e Francisco Julião Ferreira, onde o artista compareceu como testemunha. Cartório do 1.º ofício de Ouro Preto. Maço 40, n. 114. (1800).

38. Salomão de Vasconcellos em *Ataíde*, p. 49. A solicitação do artista não foi atendida de acordo com adendo junto ao livro citado.

39. Mário de Andrade, *op. cit.*, p. 9.

40. D. Clemente da Silva Nigra em Construtores e Artistas do Mosteiro de S. Bento do Rio de Janeiro.

Será interessante salientar igualmente a predominância de mulatos nas artes plásticas mineiras, na 2.ª metade do século XVIII, predominância essa que pode ser atribuída, não só à herança que traziam de seus antepassados negros, mais dados talvez às artes que os portugueses, como também à condição social que desfrutavam, isto é, livres para a obtenção de serviços e não sujeitos às limitações que impediam, no geral, os brancos, de se dedicarem a trabalhos manuais[41].

Infelizmente, a preocupação estética que presidiu à elaboração dos planos das obras de caráter público não se estendeu às construções particulares, senão excepcionalmente e em menor escala. Mesmo quando estas

> se atribuem um pouco de enfeites, ou capricham num detalhe, num florão, um capitel ou um portal vistoso, não passam eles de modestos devaneios, comparados à riqueza do templo que lhes fica próximo ou da própria capela tutelar, no seu interior. Faltou entre nós o palácio, a casa apalaçada e mesmo o solar ou quintas com estrutura e requintes arquitetônicos[42].

Contudo, ainda que não tenham as residências participado da grandeza e monumentabilidade dos templos que na época se erigiram, souberam manter as boas características da arquitetura popular portuguesa, desprovida de afetação, mas justa nas proporções e de uma "saúde plástica perfeita"[43].

O tempo exigido para construção de habitações mais grandiosas e o seu custo não poderiam, de fato, corresponder às possibilidades da população, continuamente às voltas com dificuldades de toda a ordem que lhe minavam a já debilitada economia.

É para minorar esta situação que, a exemplo das taxações dos gêneros, estabelece-se também o tabelamento da mão-de-obra dos oficiais, sejam sapateiros, alfaiates, espadeiros ou seleiros, merecendo especial

---

41. "...a prova mais importante de que havia um surto coletivo de racialidade brasileira está na imposição do mulato", conf. Mário de Andrade em *O Aleijadinho e Álvares de Azevedo*, p. 11, que acrescenta ainda à p. 12: "... entre esses artistas brilha o mulato muito".

42. J. Wasth Rodrigues em *Documentário Arquitetônico*, Fasc. 1., Introdução.

43. Lúcio Costa em "Documentação necessária" em *Rev. SPHAN* n. 1, 31.

atenção os preços cobrados pelos ferreiros, não só por ser profissão muito difundida na Vila como por se ligar mais diretamente às necessidades das minerações. Tendo em vista

que se seguia grande prejuízo aos moradores o muito grande preço que os oficiais de todos os ofícios levavam pelas obras que faziam[44],

a Câmara deliberou taxar, já em fevereiro de 1713, os preços cobrados pelos ferreiros, limitando a meia oitava o custo de uma dúzia de pregos caixais e a meia pataca igual quantidade de pregos ripais.

Em 1735, em virtude do "quinto da capitação em que o ouro subiu de 12 a 15 tostões", novo regimento é estabelecido, passando a custar um cento de pregos caibrais, dando-se-lhe o ferro, meia oitava, e sendo o ferro do oficial uma e meia"[45]. "Um cento de pregos de ferro (não especificados) três quartos"[46]. Para riscos não há maiores referências a preços que, todavia, seriam altos como se depreende do pagamento a Alpoim pelo projeto da casa de Câmara e Cadeia que, conforme informação de Cunha Meneses, totalizou 4000 cruzados[47]. Se a arquitetura residencial não participou da grandeza dos edifícios religiosos ou administrativos, não é provável também que se tenha beneficiado sempre das regulamentações e dos minuciosos cuidados que condicionavam a construção destes últimos. As obras de iniciativa particular, freqüentemente de caráter urgente, até mesmo provisório e levadas a efeito com reduzidos recursos, com toda a certeza dispensariam um maior rigor dos estudos prévios. No máximo, obedeceriam a croquis ligeiros ou descrições sumárias, infelizmente não perduráveis, levantando-se muitas vezes ao gosto pessoal dos proprietários, inspi-

44. "Atas da Câmara Municipal de Vila Rica" em *Anais da Biblioteca Nacional,* 1927, p. 260.

45. Uma oitava é igual a 32 vinténs ou 1$200, sendo o vintém igual a $375.

46. APM, CMOP, Cód. 28 182-v.

47. *APM, SG,* Cód. 233, p. 182: "A dita obra foi avaliada em 60 000 cruzados... não se incluindo na dita soma 4000 cruzados que ele (Alpoim) levou pela planta". Convém ressaltar que o custo dos riscos nem sempre atingiam proporções tão elevadas.

rados, talvez, em obras já existentes[48] cujos méritos julgassem aprovados pela experiência. Por outro lado, algumas seriam erguidas pelos próprios mineiros e seus dependentes, pelo menos em parte, entregando-se aos oficiais, apenas a mão-de-obra mais especializada, os detalhes mais caprichosos[49].

Só a partir de 1795, para "evitar a grande irregularidade em que se acham até aqui edificadas as propriedades"[05], passa a Câmara da Vila a exigir prospectos das residências a serem construídas ou modificadas, estabelecendo, assim, a censura arquitetônica na povoação.

### 3. Loteamento

Nas encostas mineráveis, as casas localizam-se em terrenos de conformação irregular, raramente configuradas em quadra, muitos dos quais cercados de muros de pedra seca, que também estabelecem a separação de várias áreas internas. (Fig. 13).

As dimensões desses lotes e de suas subdivisões, talvez destinadas à confinação de hortas alimárias e minerações, separadamente, são muito variadas, não dando margem ao estabelecimento de médias razoáveis. Um deles, excepcionalmente quadrado, mede 30 m por lado, comportando quatro áreas internas iguais. Outros são bem mais exíguos, abrangendo pouco terreno livre além do destinado à moradia, ao passo que lotes também existem de áreas consideráveis. É provável, como indicam confinações ainda vigentes, que arruamentos existiram nas encostas, embora mais estreitos e não cordeados por casario contínuo. Essas ruas, em geral, irradiam-se das capelas, como ainda aparecem na de Santana, logo perdendo-se, porém, em simples caminhos.

Nos arrabaldes, dispõem as residências de gran-

48. As próprias obras públicas se copiavam mutuamente, determinando-se, por exemplo, para as portas da Câmara, que fossem "almofadadas como as do Palácio" (Cód. 53, CMOP, 5).

49. Saint-Hilaire, op. cit. v. 1., 182: "as casas de pobres são tão fáceis de construir que qualquer um é seu próprio arquiteto".

50. APM, CMOP, Cód. 120, p. 119.

*101*

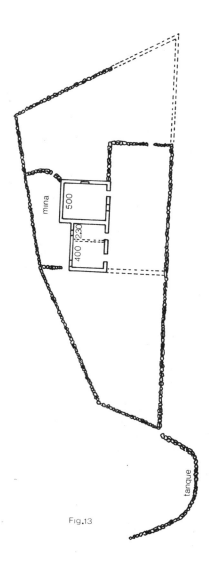

Fig. 13

Fig. 14

A Casa de Câmara
introduz o renascimento
na cidade.

des terrenos aproveitados para chácaras, pequenas lavouras ou pastos, que na periferia da povoação, já com testadas em arruamentos, se tornam menores mas permitidas ainda, não só pelo afastamento das construções como pela ausência de ruas paralelas às testadas, que limitassem suas profundidades. Para a sua mais fácil utilização, corrigindo a acidentada topografia local, prateleiras sucessivas são obtidas por meio de cortes e aterros, sustentados por fortes muros de pedra, vencidos por escadarias a eles encostadas ou neles entaladas[51]. Bancos, bicas d'água, tanques e chafarizes, árvores frondosas e esbeltas palmeiras completam o ambiente em boa disposição paisagística. Mais tarde, alguns desses elementos seriam embrechados com conchas e louça, formando desenhos decorativos como foi grande moda no litoral[52]. Exemplo em bom estado do processo encontra-se em um nicho ou chafariz pertencente às ruínas do solar dos Scotts, em Água Limpa, onde as conchas e louças se completam com pedrinhas miúdas.

Já no século XIX, estátuas de louça vidrada do reino coroam pilares de portões ou de muros dos jardins[53] substituindo as esculpidas em pedra, uma das quais ainda existente na Rua Conselheiro Quintiliano n. 11. Convém ressaltar que esta última, representando uma donzela com seu vaso à mão, pode, pelo estudo de sua caligrafia, ser atribuída à lavra de Antônio Francisco Lisboa[54]. São também do século XIX os jardins laterais que dominam a via pública com seus

51. A Saint-Hilaire, em *Viagem pelas Províncias do Rio de Janeiro e Minas Gerais,* 1.º, 133, encontra jardins até com "22 desses terraços que se elevam em anfiteatro uns por cima dos outros".

52. José Mariano, *Influências Muçulmanas na Arquitetura Tradicional Brasileira,* p. 38.

53. *Idem, ibidem,* p. 37. Estas estátuas talvez tenham sofrido a mesma influência cambodgiana dos "dragões empregados nos montantes dos portões das chácaras", como quer o autor citado.

54. Foi o A. levado a esta conclusão pelo estudo comparativo entre a peça citada e outras aceitas como de autoria do mestre referido. Comparem-se, por ex., o corte dos olhos, as mãos e o arranjo dos cabelos, semelhantes a uma figura de presépio, hoje, no Museu da Inconfidência.

terraços[55] e caramanchões, dispondo de largas entradas, quase sempre abertas em sólidos muros apilastrados.

Canteiros alinham-se em retângulos simétricos, contidos por cercaduras de pedras colocadas a prumo ou a picão, entremeados por passadiços calçados e, em certos trechos, instalam-se pátios para os animais ou para a lavagem de roupa.

Tanto os jardins como as hortas e os pomares domésticos que suprem as deficiências do comércio local, cultivam não só as espécies nativas, como as alienígenas[56] e são de tal modo bem arranjados que Mawe os julga como um "verdadeiro império da flora, porque jamais vira tal profusão de belas flores"[57]. Saint-Hilaire, pouco depois, daria por pomposa[58] tal afirmação que, todavia, se confirma por outros depoimentos como o de Debret, que também se refere aos "belos jardins em degraus, rasgados por fontes elegantes"[59], atestados ainda pelas ruínas e vestígios até hoje existentes na cidade, por exemplo, na já citada Rua Quintiliano Silva n. 11.

Releva acrescentar que as iniciativas particulares nesse setor não deixaram de ser incentivadas pelo governo que, em 1798, cria, na Vila, o seu primeiro Jardim Botânico, junto ao córrego de S. José, depois transferido para o Passa-Dez e, mais tarde transformado no Instituto Barão de Camargos, onde se iniciou a plantação de chá em Minas[60].

---

55. Notável pela sua balaustrada e vasos esculpidos é o do antigo Jardim Botânico, hoje pertencente à casa da Rua Tiradentes n. 10. Não devem ser esquecidos, pela similitude com estes arranjos e a platibanda em balaustrada e estátuas (de 1840 cf. *APM, CMOP,* Cód. 305, p. 228) da Casa de Câmara e Cadeia.

56. Mawe, *op. cit.,* p. 167, cita o pessegueiro como a única exótica, mas, entre as hortaliças, acrescenta a alcachofra, os aspargos, etc. Saint-Hilaire, *op. cit.,* v. 1, 140, diz que "a couve é o legume que mais se cultiva e, entre as flores, são os cravos e a rosa de Bengala".

57. Mawe, *op. cit.,* p. 167.

58. *Op. cit.,* 1.º, p. 140.

59. *Viagem Pitoresca e Histórica ao Brasil,* 1.º, p. 104.

60. Manuel Bandeira, *Guia de Ouro Preto,* p. 79. O levantamento deste primeiro *Orto Botânico,* assinado por Manuel Ribeiro Guimarães e datado de 1799, talvez constituindo, de fato, o seu projeto, encontra-se, por cópia, no Museu da Inconfidência de Ouro Preto. Dispunha, inclusive, de vários repu-

Nas zonas de maior valorização, ao contrário, os lotes têm dimensões mínimas, com testadas que só raramente ultrapassam 10 m[61]. Os aforamentos concedidos entre 1712 e 1721 demarcam-se, em sua maioria com duas, três e quatro braças de frente, sem referência às suas conformações e profundidades[62]. De 134 concessões desse período, 24 são de duas, 50 de três, e 21 de quatro braças[63] ou sejam frentes em torno de 7 m.

No centro da Vila a abertura de novas ruas, paralelas às já existentes, transforma em testadas os fundos dos terrenos que, então, se subdividem. Estas subdivisões também decorrem das ampliações de determinadas propriedades, fruto de entendimentos entre seus possuidores ou de partilhas em conseqüência de sucessões hereditárias.

As novas frentes criadas, entre outras, pela Rua das Flores, ainda não foram integralmente aproveitadas, mas, nas quadras compreendidas entre os caminhos velhos e os novos da Praça, os lotes apresentam-se intensamente subdivididos, com formas irregulares e interpretações curiosas.

Preferem-se divisas laterais paralelas entre si e normais à testada, mesmo porque a maioria dos aforamentos não especifica a área concedida, que se demarcaria, portanto, pelo simples deslocamento em profundidade, da linha de frente. Ângulos obtusos, determinando triângulos, trapézios ou polígonos irregulares, só aparecem quando fruto de imposições naturais incorrigíveis como, por exemplo, o cruzamento de vias públicas.

---

xos, na moderna acepção do termo, nos centros dos terraplenos.

61. Fenômeno idêntico ocorre em todo o Brasil, explicado pela exigüidade dos terrenos disponíveis, em ilha como no Recife, ou pela valorização das zonas centrais.

62. Salomão de Vasconcellos, em art. cit. (*Rev. SPHAN,* 5, p. 241 e ss.). Os aforamentos desta época constam do APM, CMOP, Cód. 1.

63. Unidade de comprimento equivalente a 2,20 m, no sistema inglês a 1,80 m.

Fig. 15.

Alto de N. S. do Carmo:
as casas se agarram
umas às outras como nas
urbanizações medievais.

## 4. Situação

Sujeitas aos lotes disponíveis, as moradias não se localizam segundo preferência de orientação, critério esse que não era tido em muita conta na época. As casas de fazendas mineiras, em geral, voltam-se para o norte, ficando suas varandas fronteiras bem insoladas no inverno e pouco no verão. As urbanas, porém, mesmo quando se erguem soltas em grandes áreas, não denotam preocupações com determinada posição, fixada esta apenas em função da via pública mais próxima. Em virtude, entretanto, de a maioria das ruas de Vila Rica ser traçada na direção mais ou menos leste-oeste, ficam as fachadas de suas casas para o norte ou para o sul, convindo salientar que a primeira das orientações, em razão do clima local, é a mais conveniente.

Nos morros, fazendas e arrabaldes, as residências situam-se no interior dos lotes, raramente se encostando a uma de suas divisas. Na área urbana, por imposição das Ordenações do Reino, reforçadas pelos reduzidos espaços disponíveis, tangenciam as ruas, e quase sempre, também as laterais. Ficam, assim, mestiças, geminadas às vizinhas, compondo conjuntos compactos que cordeiam as vias públicas. Esta concentração residencial, por vezes intensa, é explicada ainda por outros fatores, dentre os quais o gregarismo de origem moura, manifestado através dos "povos eminentemente urbanos do Mediterrâneo"[64] e a tendência característica dos nossos povoadores pela individualização da família, determinando a multiplicação das habitações independentes.

## 5. Materiais

Os terrenos em que se assentou Vila Rica são de idade alonquiana, à exceção do conglomerado ferruginoso — a canga —, de origem quaternária, que os recobre em grande parte.

As rochas encontradas (na região) são o granito, gneiss, os xistos argilosos e micáceos, o micaxisto, o calcário, os ita-

---

64. L. Vauthier, "Casas de Res. no Brasil", *Rev. SPHAN*, 7, p. 140.

biritos, os xistos ferruginosos e diques de rochas eruptivas, como diábases, dioritos, anfibólitas, rochas serpentinosas, etc.[65].

No que interessa à arquitetura, as rochas mais importantes são os quartzitos em blocos ou em formações extratificadas que, como lajes, foram largamente empregadas na Vila, designando-lhe mesmo, estas últimas, certa área nas margens da estrada que leva a Mariana. O quartzito, de que são compostas, enriquece-se, por vezes, de colorações azulada, rosa, amarela ou verde, de acordo com a proporção de outros elementos, como a moscovita, a hematita ou limonita ou a clorita, que nele se integram[66].

Outras rochas aproveitáveis nas construções, mormente nos seus elementos de acabamento e decoração, são as talcosas e maciças, também conhecidas como pedra-sabão ou de panela (agalmatolitos e esteatitos), as quais, todavia, só ocorrem nos arredores da povoação. Também essas tomam colorações variadas de acordo com os constituintes varietais, tais como a cinzenta, a azul, a verde, etc. São pedras talcosas, compactas, mais ou menos homogêneas, oferecendo boa resistência aos esforços a que são submetidas (pilares, vergas, cunhais etc.) macias de trabalhar, não sujeitas, como os quartzitos, à decomposição, favorecida pela umidade de suas faces expostas ao tempo.

Mawe é o único a acrescentar a "ardósia para pavimentar quartos, cobrir casas, etc." que, entretanto, não deixou memória[67].

Capeando quase todo o solo da povoação, vamos encontrar os terrenos ferruginosos, a canga,

composta de ferro micáceo oligisto, (e fragmentos de itabirito) reunidos por um cimento ocroso (limonítico), vermelho, amarelo ou escuro[68].

As montanhas constituídas pelas rochas supracitadas, como lembra ainda o autor referido, apresentam-se sempre em escarpas

---

65. Benedito José dos Santos, "A Geologia do Município de Ouro Preto", em *Bicent.*, p. 97. Xistos ferruginosos cortados por diques de anfibólito e veios de quartzo.

66. Alguns destes quartzitos, que os antigos designavam por pedra do Itacolomi, quando dispõem da moscovita e sericita (micas), designam-se por itacolomitos.

67. Mawe, *op. cit.*, p. 169.

68. Benedito J. dos Santos, *op. cit.*, p. 100.

nuas e de aspecto bizarro, ao contrário das formadas pelo granito ou pelo gneiss, que são de inclinação suave, abauladas, cobertas de vegetação[69],

e que só se encontram à distância da Vila, pouco contribuindo as rochas de que são formadas para as suas edificações e afastando destas as matas fornecedoras das madeiras de que careciam. Esta assertiva contrária à hipótese de ter-se plantado a povoação em meio a grande floresta, posteriormente devastada pelo homem, confirma-se ainda por várias referências da época. Já em 1730, pleiteando auxílio do Senado da Câmara para a reconstrução da Matriz de N. S. do Pilar, informa a Irmandade do SS. Sacramento que "até as madeiras vêm de distâncias grandes com muito custo e despesa"[70], e vários outros documentos da época, relativos à proteção, de certo modo exagerada, das matas existentes, levam a idêntica conclusão. Em 1733 determina a Câmara que

> nenhuma pessoa, de qualquer qualidade que seja, possam (sic) cortar matos nem largar fogos às capoeiras nem matas virgens uma légua na circunferência desta Vila pelos prejuízos que causa a estes povos pelas faltas de lenha[71];

para fazer sabão com cinzas de fogueiras, só permite "roçar as beiras das estradas com palmas para cada lado"[72] e penas concede a derrubada de matos virgens quando absolutamente indispensáveis para as obras.

A estas resoluções, seguem-se outras, reforçadas, em 1795, pela proibição total de fazer-se sabão e cortarem-se matos "dentro da demarcação da sesmaria desta Câmara"[73].

A simples regulamentação do uso dos matos, desde os primórdios da vila, sugere a sua pouca ocorrência, limitada talvez às

69. Ib., p. 98.

70. *APM, CMOP,* Cód. 6, p. 113 — Na Construção da Igr. do Carmo, conf. doc. cit. por Francisco Lopes, (*op. cit.* p. 50), as vigas do coro vieram de Sta. Rita; para a casa de Câmara e Cadeia, em 1786 (Cód. 233 SG, 182) vieram as madeiras da distância de 4 léguas.

71. APM, CMOP, Cód. 28, 82-v.

72. *Ib.* — Southey, *Hist. of. Braz.,* III, 825, refere-se a ordem expedida por Gomes Freire visando à conservação das matas.

73. APM, Cód. 120-A, 11.

*110*

enseadas e barrocas destas serras, de meio corpo para baixo[74]. Nos altos há bastante mato carrasquenho miúdo e muito por acaso, alguma árvore que se acha de pouco préstimo, por ter sua criação natal, pedra[75].

Não quer isto dizer que o local carecesse de madeiras suscetíveis de aproveitamento; não seriam, porém, em grande quantidade, ocorrendo apenas em manchas marginais prontamente esgotadas. E tanto que se as primeiras construções, inclusive a casa do governo, foram de madeira, pouco depois já se construíam com as pedras da região. Ainda hoje, ao longo do ramal ferroviário, notamos que na região campestre, onde o terreno é mais decomposto, predominam as casas de sapé e as de tijolo, ao passo que em torno de Ouro Preto abundam as de madeira e de pedra — o calcário da Série de Minas. A própria escultura do Aleijadinho emprega a pedra-sabão, material dessa série geológica a que a velha capital deveu a sua grandeza[76].

Salvo poucas espécies, como a canela preta, a braúna, a candeia, etc.[77], assim mesmo não muito freqüentes, os matos acessíveis deveriam ser de pequeno porte, formados de madeiras menos valiosas. Este fator importa à arquitetura para justificar os sistemas construtivos adotados nas edificações do lugar. Dado o açodamento que presidiu à fatura das primeiras construções, natural seria que fossem aproveitados os materiais disponíveis no próprio local da obra, de preferência aos que exigissem transporte, quase sempre difícil na época.

É óbvio que a madeira foi e é largamente empregada, mesmo naquelas construções já definitivas e não apenas nos ranchos. Deve-se, porém, levar em conta que no sistema construtivo de estrutura independente não se torna necessária a utilização intensiva e

74. Ant.º Pires da Silva Pontes Leme, Memórias sobre a utilidade pública etc., 420. *Rev. APM, Ano I.*

75. Relatório de 1740 transc. por A. de Lima Júnior em *A Capitania das M. Gerais,* p. 114.

76. Raimundo Lopes, "A natureza e os monumentos culturais". *Rev. SPHAN,* n. 1, p. 79.

77. As madeiras especificadas para as obras públicas do lugar são, além da preferida, a canela preta, as seguintes: upiúna, locorama, guapava (Apontamentos para o Palácio 1741), *Rev. APM,* 1901, p. 573), braúna (idem, Cód. 75, D.F. p. 125), cangerana ou sucupira (Cód. 53, p. 25), jacarandá vermelho, bagre, peroba, pombo (*C.C.C.,* Cód. 242 *SG,* p. 45).

*111*

exclusiva de madeiras de muito boa qualidade, reduzindo-se sua aplicação a alguns esteios e madres, suportando relativamente pouco peso. As vedações aproveitam-se de paus roliços e varas de qualquer espécie. Convém frisar ainda que a maioria destas estruturas em Vila Rica firma-se sobre alicerces de alvenaria de pedra, não mergulhando seus apoios — os esteios — no solo, em virtude, talvez, de não resistirem bem à umidade do terreno.

À mesma conclusão podem levar os documentos referentes ao aproveitamento de madeiras recuperáveis nas demolições. Para as obras dos quartéis, em 1754 manda-se utilizar "toda a madeira, forros e soalhos que estão nos quartéis velhos para... fabricar os novos"[78]. Outras vezes é o massame posto em praça, como o foi, em 1793, o dos mesmos quartéis[79]. O esteio que serviu de pelourinho até 1747 é cuidadosamente guardado durante três anos para, em 1750, ser aproveitado na Ponte de Antônio Dias[80].

Por outro lado, as constantes reformas que periodicamente se fazem necessárias, mesmo nas edificações mais valiosas — matrizes, igrejas, capelas, câmaras, etc., — sobretudo com o objetivo de substituir os seus elementos de madeira, confirmam a hipótese da má qualidade desta. Nas arrematações para as obras públicas, raramente são especificadas as madeiras a serem empregadas, exigindo-se, na maioria dos casos, apenas que sejam *de lei*. São preferidas a canela preta ou parda, a candeia, a canjerana, o vinhático, etc.

Não se deve esquecer, ainda, a excepcional difusão, no local, dos vãos geminados ou de ombreiras aproveitadas de esteios que, sem dúvida, indicam grande interesse pela redução do número das peças de madeira de melhor qualidade. Assim, as casas mestiças da Rua Alvarenga Peixoto, número 84, têm, salvo modificação recente, os seus vãos, cerca de 25, todos geminados ou servindo-se de esteios, alguns destes interessando a dois vãos. (Fig. 16).

Para garantir a resistência e durabilidade destas madeiras, recomendam-se cuidados na sua obtenção e

78. APM, CMOP, Cód. 53, 215-v.
79. *Id.*, CMOP, Cód. 120, 37-v.
80. *Id.*, CMOP, Cód. 51, p. 135.

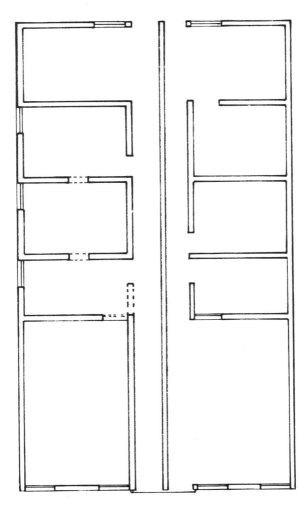

Fig.16

preparo, exigindo-se por exemplo, que fossem cortados "no minguante da lua"[81] e que certo prazo decorresse entre sua derrubada e aplicação.

Também em Vila Rica são aproveitadas nas construções as espécies fibrosas, a canela-de-ema, os coqueiros chamados de palmito, as taquaras, as samambaias arborescentes, etc., que parecem principalmente nas sebes compondo a armadura das taipas e dos estuques. A taquara é ainda aproveitada para os forros, em tessituras simples ou complicadas, formando desenhos geométricos. Não podem ainda ser esquecidas as fibras destinadas à amarração, como os cipós e a embira, que se encontram ligando as varas aos paus de prumo e que podem, em certos casos, ser substituídas pelo couro em tiras.

Merecem ainda referência os vegetais empregados em construções precárias, tais como o sapé, as folhas de palmeiras, etc.

Preferem-se nas construções ou, pelo menos, nas paredes mestras, pilares, etc., as alvenarias de pedra, reservando-se as madeiras, pelas dificuldades apontadas, para as divisões internas ou pavimentos elevados, onde o seu pouco peso aconselhava maior aplicação desse material.

É claro também que a princípio, por mais econômicas, deverão ter prevalecido as técnicas construtivas mais ligadas ao barro e à madeira, "de má taipa ou de pau-a-pique de que, até o presente, era costume fazerem-se as casas nesta Vila", como afirma Gomes Freire ao rei em 1742. Todavia, o mesmo informante acrescenta que, por aquela época, algumas casas já se fazem de pedra e cal[82].

A aparente contradição entre a falta de metas e o menor preço das edificações que delas se aproveitam, explica-se pelo uso de madeiras de qualquer espécie e pela rapidez das obras em que são empregadas.

Deve ser ainda compreendido que as alvenarias de pedra favorecem muito mais a proteção contra a frialdade do clima do que suas congêneres, menos espessas, de barro.

81. *Id.* — CMOP, Cód. 53, 215-v.
82. *Id.* SG, Cód. 81, p. 65.

Aliás, em relação às povoações da mesma época em Minas, talvez seja Vila Rica a que mais se valeu da pedra em suas construções e esta assertiva, até hoje facilmente comprovável, aflora de vários testemunhos antigos[83].

"As casas são construídas de pedra", consignam Spix e Martius[84]; "de pedra e com sobrado", acrescentaria Caldecleugh[85]. Ao contrário, no Tijuco,

poucas casas de vivenda se contam aí fabricadas de pedra, porque a construção ordinária de tais edifícios é feita de taipa mais durável ou de pau-a-pique[86]; poucas de pedra,

confirmaria Aires do Casal[87] que, em Paracatu também só encontra "casas térreas e feitas de madeira"[88]. Na Vila do Príncipe, Pohl encontra umas 600 casas "construídas parte de madeira, parte de barro"[89], em Barbacena umas 300, "na maioria térreas de pau-a-pique"[90], como também são as de Vila do Fanado[91], ao passo que em Vila Rica são na maioria de pedra e de sobrado, apenas as mais pobres de pau-a-pique[92].

Quer Diogo de Vasconcelos que os

arraiais maiores de Ouro Preto, Antônio Dias e Padre Faria, situados no fundo do vale, entre seios de floresta virgem, faziam as suas construções de madeira; ao passo que os outros, situados na serra, em superfície formada de canga estéril e nua, lançaram mão dos blocos avulsos ou facilmente extraídos; e dele tiraram o material mais acessível e econômico de seus edifícios[93].

As primeiras moradias dos morros, excluídos os ranchos provisórios, ainda de vergas retas, de poucos vãos, simples e rústicos, fazem-se de canga, como atestam suas ruínas, ainda hoje existentes.

Aproveitaram-se depois do quartzito, de qualidade

---

83. Exceção de Saint-Hilaire, *op. cit.* v. 1, 132, que afirma ser a maioria das casas construídas de barro.

84. *Viagem pelo Brasil,* v. 1, p. 311.

85. Apud Taunay em *Viagens na Capitania de Minas Gerais, Anais do Museu Paulista,* t. 12, 282.

86. "Mem. Hist. etc." em *Rev. APM,* t. 13, p. 585.

87. *Corografia Brasílica,* t. 1, p. 148.

88. *Idem,* p. 275.

89. *Apud* Taunay, *op. cit.,* t. 12, p. 192.

90. *Apud* Taunay, *op. cit.,* t. 12, p. 70.

91. *Ib.,* p. 148.

92. *Apud,* Taunay, *op. cit.,* t. 12, p. 224.

93. Diogo de Vasconcelos, "As obras de Arte", em *Bicent.,* p. 136.

"bem sã e sem fios", "bem clara e sobre o duro"[94], em blocos para a cantaria ou em lajes nas alvenarias. Segundo Diogo de Vasconcelos,

a cantaria belíssima do Itacolomi só foi introduzida na arquitetura da cidade para as obras do Palácio, entre os anos de 1735 e 1738, sendo preciso o braço forte do governo para o descortino eficaz das jazidas e abertura de carreiras[95].

A afirmativa pode ser verdadeira, no que se refere às pedras em blocos, sendo, porém, provável que, em lajes, tivessem sido anteriormente usadas, inclusive de mistura com a canga, como aparecem nas ruínas dos morros.

Em todo caso, depois da canga, são os quartzitos intensamente aproveitados nas alvenarias, nas enxilharias ou cantarias das construções, compondo os seus embasamentos cunhais, soleiras, ombreiras, vergas, cimalhas etc.

Quando se pretende melhor acabamento, são preferidas as pedras talcosas "sem ventos nem quebras"[96], mais facilmente trabalháveis e que proporcionam, pelas suas cores, bom contraste com a alvura das paredes e com os róseos avermelhados dos itacolomitos. A iniciativa do maior aproveitamento destas pedras em trabalhos de escultura ou relevo é atribuída a Antônio Francisco Lisboa, que delas se valeu para muitas de suas obras, a começar, talvez, pelo busto que encima o chafariz público, localizado no Alto da Cruz (1761)[97]. Trazida, porém, de certa distância, não se difundiria sua aplicação na arquitetura de Vila Rica com tanta intensidade como em outras povoações, dentre as quais convém salientar a do Serro do Frio, onde aparece, inclusive nos fogões, pias, bancos, etc.

Pedras do reino, a exemplo do que acontecia no litoral, onde foram largamente usadas, muitas vezes sem necessidade, como acentua Vauthier, não ocorrem em Vila Rica nem nas Minas Gerais. Se no litoral as viagens de volta dos navios vazios, necessitados de las-

94. Francisco Antônio Lopes, *Hist. da Const. da Igr. do Carmo de Ouro Preto*, p. 38.
95. Diogo de Vasconcelos, "As obras de Arte", em *Bicent.*, p. 139.
96. Francisco Antônio Lopes, *op. cit.*, p. 41.
97. Há um tinteiro desta pedra no Museu da Inconfidência, datado de 1714, porém não há garantia da autenticidade desta data.

*116*

tro, facilitavam o transporte deste material, nas Minas, ao contrário, a sua condução, de grandes distâncias, em lombos de burros ou carros de boi, o tornaria proibitivo. Diogo de Vasconcelos aceita a portada do Palácio como de pedra portuguesa, no que é, todavia, contestado por outros estudiosos do assunto, entre os quais Paulo Rolf que diz ser

o portal da atual Escola de Minas... o único caso do emprego local de mármore dolomítico em edifícios coloniais do Município: Pelo seu aspecto, cor e lotologia, pode-se acreditar tenha sido extraído... das jazidas de mármore branco do Ojô, a pouco mais de dois quilômetros da cidade[98].

A terra, quando utilizada para fins de menor responsabilidade, como para o assentamento das alvenarias, principalmente nos alicerces, dispensa maiores cuidados, empregando-se a disponível no local. Nos trabalhos especializados — taipa de pilão, enchimento de pau-a-pique, revestimentos — deve ter composição tal que propicie uma boa resistência e durabilidade. Para isto, deve conter certa quantidade de areia e aglutinante. Obtém-se uma boa homogeneidade da massa, misturando-a bem, e sua consistência é, por vezes aumentada com esterco de curral ou palhas diversas. Vila Rica não dispõe de boas terras para uso nas construções, sendo preferidas as de coloração róseoalaranjada, existentes nas proximidades da capela de Nossa Senhora do Rosário do Padre Faria.

A areia disponível é obtida em depósitos naturais formados pela desagregação do itacolomito e encontrada, por exemplo, no *areião* do outeiro de Nossa Senhora do Rosário do Alto da Cruz (Santa Ifigênia). Esses depósitos são freqüentes na região, possibilitando seu aproveitamento no próprio local das obras, como ocorreu quando dos trabalhos da estabilização e conservação levados a efeito na Igreja de Nossa Senhora do Rosário de Mariana. Esta igreja, plantada sobre um desses depósitos, permitiu fosse a areia necessária obtida, nos períodos de chuvas, e em conseqüência da reconstrução do soalho, no próprio solo de sua sacristia[99].

98. Paulo A.M. de Almeida Rolf. "Calcários dolomíticos no Município de Ouro Preto", in *Revista da Escola de Minas,* abr. 1950, p. 5.

99. Obras de restauração levadas a efeito pela *DPHAN,* em 1947.

A areia ou saibro aludido não é, porém, de boa qualidade, necessitando ser *amaciada* com terra, antes de se lhe juntar a cal e a água necessária. O maior defeito que lhe atribuem consiste na persistência com que seus grãos entram em decomposição, desagregando, assim, as argamassas de que participam.

A cal, por sua vez, não é a princípio fabricada na Vila, pela não ocorrência nela de formações calcárias favoráveis. Em 1786 dá notícia Cunha Meneses[100], de uma fábrica deste material, que construiu para atender às obras da nova Casa de Câmara mas, como as demais, ficava distante da Vila[101], como também a de Antônio Pereira, que até nossos dias queima excelente cal preta. Não se presta, porém, esta última cal, para pintura, obrigando-se os mestres de ofícios, nesta parte, a dar "primeiro uma mão de cal preta e outra de cal branca"[102]. Todavia, solidifica bem as argamassas e, por isto, é preferida em certos casos como nas construções destinadas a receber ou conduzir água, sejam tanques de acumulação, nas minerações, ou telhados, tal o dos quartéis de 1785, que devia ser emboçado "todo de cal preta para que fique com mais segurança"[103]. A cal branca vem, pois de longe, recomendando-se sempre que seja "da melhor do país"[104] como rezam os documentos. Na falta dela, podem as paredes ser "caiadas de tabatinga", conforme as especificações de 1728 para as obras dos quartéis[105]. Pela dificuldade de sua obtenção, fazem-se os emboços de barro, aplicando-se a cal apenas para o reboco final. Observa-se ainda nas construções mais antigas que a cal usada é de má qualidade ou mal empregada, apresentando-se a massa pouco homogênea e com muita granulação.

Nas obras mais importantes evita-se o barro nas alvenarias, especificando-se que "se não assente pedra sem que use cal e a esprema para cima"[106].

Outro material que não pode ser olvidado é o ferro que, se bem tivesse sua fabricação dificultada em

100. APM, SG, Cód. 233, p. 182.
101. *Cartas Chilenas,* p. 191.
102. APM, CMOP, Cód. 95, 246-v. (1785).
103. APM, CMOP, Cód. 95, 246-v. (1785).
104. Rev. APM, v. 6, p. 576.
105. APM, CMOP, Cód. 14, p. 99.
106. Rev. APM, v. 6, p. 576.

*118*

toda a colônia, pelos lucros que traziam os direitos de importação, a falta de técnicos capazes e o temor de arrasar as matas, não deixou de ser obtido em Minas por processos primários, talvez introduzidos pelos negros[107].

que bem ou mal iam aliviando o povo mineiro das dificuldades decorrentes da obrigação de importar do estrangeiro toda a ferramenta necessária à mineração do ouro e dos diamantes[108].

As primeiras fundições regulares em Minas[109], foram, porém, a do Morro do Pilar ou de Gaspar Soares, iniciativa do Intendente Câmara Bitencourt, que construiu um alto forno e três forjas catalãs, de onde correu o primeiro ferro em 1815. Outros apontam a fábrica do Prata, perto de Congonhas do Campo, que principiou a funcionar em 1812, mas como a anterior, não teve continuidade[110]. Antes destas já haviam sido tentadas no Brasil outras fábricas de ferro, a primeira das quais iniciativa de Afonso Sardinha[111] em Biracoiaba, no ano de 1589, seguida de outra em Brapoeira, onde se trabalhou até 1629, fábricas estas, porém, que só voltaram a funcionar em 1765, com o privilégio de 10 anos obtido por Domingos Ferreira Pereira, ainda sem o êxito, que só no século seguinte seria alcançado.

São, portanto, as forjas singelas ou os *fornos de cuba* que vão suprir o intenso consumo desse material, não só para os trabalhos de mineração como também para a arquitetura, compondo "fechaduras feitas na terra e não de carregação, tudo na última perfeição, como em semelhante obra se carece"[112], dobradiças,

107. João Dornas Filho, *A escravidão no Brasil,* p. 206; opinião também de Gilberto Freire em *Casa Grande e Senzala,* de Calógeras em *Formação Hist. do Brasil* e outros. O último autor diz: "Em um caso mesmo foram (os negros) guia dos brasileiros, seu é o método da 1.ª indústria do preparo direto do ferro nas forjas rudimentares de M. Gerais, fruto da ciência prática infusa nesses metalurgistas natos que são os africanos".

108. Marcos Carneiro de Mendonça, *O Intendente Câmara,* p. 69.

109. *Idem* "O primeiro a defender desassombradamente o estabelecimento de uma fundição de ferro no Brasil é D. Rodrigo José de Meneses, na exposição que a 4.8/1780, dirigiu de Vila Rica ao Ministro Martinho de Melo e Castro".

110. Antônio Olinto dos Santos Pires, "A mineração, riquezas minerais, *Rev. APM,* Ano 8.º p. 1.018 e ss.

111. *Ib.*

112. APM, CMOP, 69, Cód. 53 (1747).

ferrolhos, instrumentos de trabalho, pregos "todos feitos no país e de bom ferro"[113] etc. Em todo caso, mesmo importado, seria na maioria dos casos aqui manufaturado, como atestam os numerosos ferreiros instalados, por exemplo, em Vila Rica, em maior quantidade que os profissionais dos demais ofícios.

O ferro de importação vem, preferentemente, do norte da Europa, de Biscaia[114] e da Suécia, por intermédio do comércio inglês, até que sua fabricação no país dispensasse o suprimento estrangeiro.

Mais modernamente, vem o ferro da França ou da Bélgica, fundido ou em laminados, em colunas, vigas, etc. Surgem depois as banheiras de folha, depois de ferro esmaltado, as pias, os vasos sanitários, etc.

Não são poucos, aliás, os materiais importados para as construções, desde as "fechaduras inglesas"[115], que aparecem com freqüência nas arrematações da época, até os azulejos, os cristais e a louça para as pinhas, o chumbo, o ouro em folha, o pinho de riga, as tintas, as pelicas para cola, os vidros[116], aos quais se juntariam depois a louça sanitária, o ladrilho, etc. É claro que nos primeiros tempos deviam reduzir-se ao mínimo indispensável, aumentando à medida das crescentes necessidades e da melhoria dos caminhos. Dentre todos, é o vidro o mais necessário, pelo conforto que proporciona, e impossibilidade de substituição por outro material[117]. "Havia muita falta de vidro às janelas, devido à dificuldade de transporte"[118], anota Caldecleugh em 1821 e é para facilitar este transporte que os elementos de vidro são em geral de pequenas dimensões, em torno de 30 x 20 centímetros.

Para a iluminação, importam-se também os óleos; querosene e o carbureto.

---

113. Franc.º Ant.º Lopes, *op. cit.*, p. 134, "Condições para a obra do madeiramento da Ig. de N. S. do Carmo".

114. Antônio Pires da Silva Pontes, "Memória sobre a utilidade pública em se extrair o ouro das Minas, etc." in *Rev. APM*, Ano 1, p. 420.

115. "Apont. para o Palácio etc." — 1741 — *Rev. APM* 1901, p. 573.

116. 1765, obra do Palácio.

117. Em outras regiões, como em Goiás, a malacacheta foi empregda na falta do vidro.

118. *Apud* Taunay, *op. cit.*, p. 282.

*120*

## 5. PLANTAS

### 1. *Ranchos*

As primeiras moradias de Vila Rica, fruto de um povoamento súbito em sítio agreste, distante dos recursos necessários a uma ordenação metódica de suas construções, são, a princípio, simples abrigos provisórios, destinados à proteção precária de seus habitantes, ainda inaptos ao estabelecimento de uma aglomeração humana estável. Ademais, dessa estabilidade, de fato não cogitavam os mineiros, pouco interessados, de início, em se radicarem nas Minas, que desejavam apenas desfrutar como um máximo de proveito em um mínimo de tempo[1].

---

1. Vários são os paulistas citados por Taunay (*Hist. G. das Bandeiras,* t. XIX, p. 192 e ss.) que das Minas se recolheram com largos cabedais, adquiridos nos primeiros anos de seu descobrimento. Saint-Hilaire também alude ao caso, com referência aos reinóis.

Organizados em bandos, sujeitos a transladações contínuas e não agrupados ainda em famílias, suas habitações destinam-se apenas a curtos repousos, intercalados nas febris atividades em campo aberto. São, por vezes, moradias coletivas, para o chefe, o senhor do manifesto, seus companheiros e servidores, que partilham em comum do pouco conforto que lhes é proporcionado por estes ranchos de peça única e que se assemelhariam aos descritos por quantos viajaram pelo nosso interior, resumidos em uma área coberta, de piso de terra batida, comportando, no centro a trempe sobre o braseiro, enquanto pelos cantos colocam-se os jiraus para o merecido descanso de seus ocupantes. Quando são muitos, espalham-se pelo chão, sobre couros ou esteiras, não sendo muito difundido, nas Minas, o uso da rede. Arreios servem de assento e as mantas dos animais de proteção contra o frio.

Para suas descobertas aproveitam-se estes ranchos de vegetais apropriados e mais encontradiços na região, como as folhas de coqueiro, no norte ou, em Minas, o sapé. Estas coberturas, a princípio de água única, por vezes aproveitando acidentes do terreno, descansam seu lado mais elevado em íngremes barrancos. Os paus usados são roliços, de qualquer espécie, simplesmente ensamblados ou amarrados a cipó ou embiras.

Ranchos maiores se fazem de duas águas, com cumeeira apoiada em pontaletes sobre os frechais. Mais tarde, supletam-se com paus-a-pique no seu perímetro, revestidos ou não por vegetais, à feição da cobertura, ou completados por varas transversais e acabados a barro.

Salvo a porta de ingresso e uma ou outra diminuta janela ou estreita esteira, são raras as aberturas vazadas nas paredes dessas habitações que, de resto, as dispensariam, dada a permeabilidade de suas vedações.

Ranchos maiores e talvez já abrigando famílias, dividem-se internamente e recebem melhor acabamento.

Sem dúvida, a primeira fisionomia da Vila valeu-se dessas construções, como indicam os aforamentos da época[2], concedidos, em sua maioria, para "construir um rancho" e só raramente aludindo a "casas, assim compreendidas, talvez, aquelas de "maior dura" e já cobertas de telhas, citadas quando existente, nos inventios e descrições do mesmo período, dando, assim, um caráter próprio, especial, diferenciador à construção que beneficiam.

Por volta de 1713, segundo Salomão de Vasconcellos, começa a funcionar a primeira olaria de Vila do Carmo[3] e só a partir dessa data difundir-se-iam pela Capitania. De fato, em 1719, as licenças solicitadas à Câmara já especificam com mais freqüência esse material, mesmo em ranchos que, então, se apresentam "cobertos de telhas"[4].

Em razão também do perigo que ofereciam as palhas das cobertas[5] na eventualidade dos incêndios, cuidam o reino e seus prepostos de proibir a sua utilização, pelo menos nos povoados mais importantes. Todavia, em 1720, é ainda com a alegação do seu difundido uso que se justifica D. Pedro de Almeida do rastreamento do incêndio nas casas do Morro de Pascoal da Silva, que teve "pronto material nas palhas de que muitas se cobriam"[6].

Depreende-se, ainda, dos citados aforamentos, que não se limitavam os ranchos às áreas de mineração mas, ao contrário, espalhavam-se pelo próprio centro

2. José Mariano Filho em *Influências Muçulmanas na Arq. Trad. Bras.*, p. 10, designa por Tejupabas a estas construções.

3. Diogo de Vasconcelos, em *op. cit.* p. 397, diz que a primeira casa coberta de telhas na Vila do Carmo foi a mandada construir por Albuquerque, para moradia dos governadores, em 1711. A olaria ficava então no caminho de Itaverava, depois Rua da Olaria.

4. As atas da CMOP em *Rev. APM,* 1937, p. 114 consignam: 20.10.1719 "acordaram despachar uma petição de levantar um rancho que estava de palha, de telha".

5. D. Pedro de Almeida em carta ao rei, em abril de 1720, informa que "todos os meus antecessores e eu também tinhamos ordenado se não consentissem casas de palha na Vila pelo perigo de fogo", acrescentando que naquela data todas elas já estavam cobertas de telhas, conf. *APM, SG,* Cód. 4, p. 781.

6. D. Pedro de Almeida em "Discurso Histórico e político sobre a sublevação que nas Minas houve no ano de 1720", publ. no *Minas Gerais* de 5 a 19 de fev. de 1896.

da Vila, sendo, em geral, a primeira construção a erguer-se nas terras obtidas, enquanto a economia do proprietário não fosse bastante para a edificação de casas mais duradouras.

## 2. *Partido geral*

Destas, as de madeira e barro serão de reconstituição mais difícil, em virtude do seu total desaparecimento nos morros, em situação que pudesse atestar sua ancianidade, e das constantes e sucessivas reformas que os exemplares sofreram pelo correr dos séculos. As de pedra, porém, em ruínas, ainda pontilham o Morro da Queimada, apresentando-se em boas condições para uma razoável recomposição.

Todavia, ainda aqui não pode haver absoluta segurança quanto à época exata de tais construções, porquanto, mesmo depois do incêndio de 1720, os moradores do local não o abandonaram, como demonstram características arquitetônicas evidentemente posteriores à catástrofe existente nas referidas ruínas[7] e confirma, ainda, o opúsculo *Triunfo Eucarístico,* escrito mais de 10 anos após a sedição. Nas festas que este descreve, inúmeras luminárias de longe se avistavam no morro, atestando, assim, o seu povoamento[8]. Entretanto, é possível que algumas das casas de pedra ali existentes datem das primeiras décadas do século XVIII, como atesta, também, a própria análise de sua arquitetura.

Suas plantas preferem sempre a figura do quadrado ou as figuras por ele geradas[9] como o retângulo de lado maior igual a duas vezes o menor ou à diagonal da quadra dimensionada pelo mesmo lado menor. Convém ressaltar que a preferência atende também ao fator econômico, tendo em vista o menor perímetro de que necessita o quadrado para uma determinada área, em relação a outro retângulo qualquer.

---

7. Sobrados, vergas curvas, revestimentos com marcação imitando a cantaria, etc., que aparecem não só nas construções que margeiam a estrada para Mariana, como se erguem nas próprias encostas dos morros.

8. *Bicent. de Ouro Preto*, p. 230.

9. Paulo T. Barreto em *Casas de Câmara e Cadeia,* p. 131.

É evidente que acréscimos posteriores ou apêndices secundários[10] podem determinar outras conformações às plantas, porém muitas mostram claramente, pela ocorrência no interior de paredes, antes externas, de pedra, o seu primitivo limite, depois ampliado[11] em construção mais leve. Para não prejudicar a aeração e a iluminação do corpo principal das habitações, esses apêndices são, entretanto, na maioria das vezes construídos com menor largura, determinando conformação geral da planta em L ou U que, quando se acrescentam de novos aumentos, mais largos, configuram as plantas em C ou mesmo em O. São esses prolongamentos que circunscrevem os pátios das construções.

Em casos de lotes muito estreitos, os apêndices longitudinais reduzem-se a simples peças de circulação, ligando, muitas vezes em ponte, dois corpos distintos da moradia.

### 3. *Casa dos Morros*

Grande número destas habitações é, como os ranchos, de peça única, com cerca de 15 m², aberta para o exterior por porta e janela na fachada principal (Fig. 17). Muitas se fazem mestiças, em série, com cômodos mais ao retângulo, completamente isolados uns dos outros, inclusive por empenas, talvez para a escravaria. Assemelham-se às senzalas dos engenhos e às habitações dos silvícolas nas missões jesuíticas, porém não há indícios claros, aqui, de varanda fronteira, comum aos exemplos citados[12]. (Fig. 18).

Aparecem ainda nos morros, encostados às moradias, pequenos cubículos com acesso externo, de área em torno de 6 m², cujo estado atual, bastante ruinoso, torna difícil um estudo mais aprofundado de sua exata destinação e seu acabamento. Em todo o caso, suas dimensões, a menor espessura de suas paredes e seu

10. Também chamados "puxados" com referência ao prolongamento do telhado principal com que se cobrem.
11. Em casos raros, como na Rua Alvarenga 4, a parede mestra interna refere-se a imposições estruturais. Contudo, a quadra se mantém pelas paredes mestras externas.
12. Lucas Mayerhofer, Reconstituição do povo de S. Miguel das Missões, 60. Vauthier, Casas de residências no Brasil em *Rev. SPHAN* n. 7, p. 191 e fig. 14.

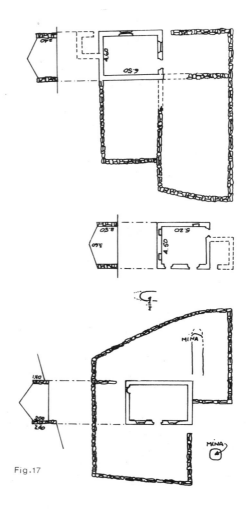

Fig.17

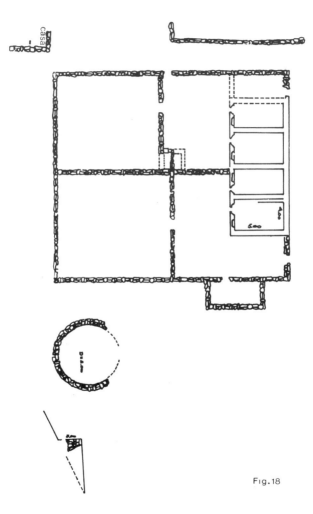

Fig.18

mais reduzido pé-direito conduzem à hipótese de terem sido usados para guarda de objetos, mantimentos, ferramentas, arreios ou mesmo material de mineração.

Crescendo as necessidades e os recursos financeiros, a área construída, que antes era constituída por um cômodo único, então se divide para melhor atender às suas várias destinações. Nascem, assim, diferenciados, o dormitório e a sala geral, dispostos lado a lado, abertos ainda, externamente, apenas para a fachada principal. Ver por outra, uma porta na posterior facilita o acesso aos quintais ou insinua a existência de varandas traseiras. (Fig. 19).

Mais complexas são as habitações de quatro peças, duas maiores e duas menores, sala, cozinha, dormitórios do casal e dos filhos respectivamente. A sala comunica-se diretamente com os demais cômodos e aberturas já se notam em várias fachadas, menos freqüentes, porém, nas laterais.

Ocorre notar que não se encontram alcovas nas residências descritas, o que leva a aceitar sejam elas mais imposições de laterais fechadas, por contigüidade, a construções vizinhas, ou contingências de plantas com grandes áreas, do que claro propósito de reclusão da família; a menos que seja levada em conta a inexistência de família no período ao qual essas moradias correspondem.

### 4. *Casas de arrabalde*

Casas mais amplas, comportam um maior número de peças, ainda convergindo para a sala geral, e, entre estas, incluem-se as rurais ou de arrabalde que se completam com uma larga varanda de frente. Dessas, dois exemplares, a Fazenda do Manso (Fig. 20) e a Chácara de Água Limpa, são típicos em Vila Rica. O primeiro reúne aos interesses de sua ancianidade uma extraordinária semelhança com as casas rurais paulistas do século XVII, das quais difere apenas pela maior complexidade de sua planta e um ou outro elemento construtivo. A varanda entala-se entre dois corpos que se prolongam para os fundos em vários dormitórios e o centro é ocupado por duas salas e dois dormitórios, separados dos demais por um corredor longitudinal. Será lícito supor-se que a parte ervida pelo corredor se destina à habitação, ao passo que a

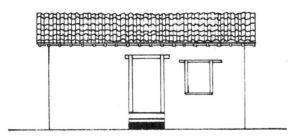

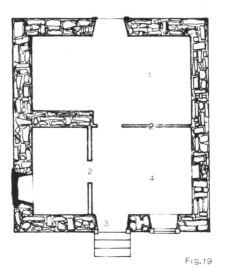

Fig. 19

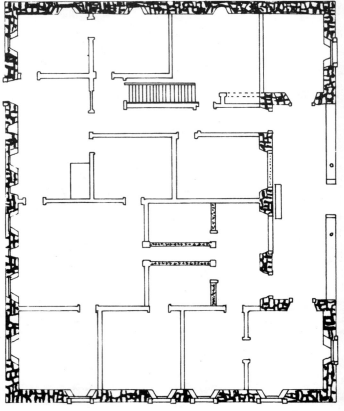

Fig. 20

outra atenderia a comércio e serventia de agregados, hóspedes ou depósitos, funcionando as peças do fundo como cozinha, sala de jantar, despensa e dormitório de serviçais. A escada para o sótão coloca-se na parte destinada à família, gradeando-se a janela do cômodo desta parte que se abre para a varanda. Não há sinais evidentes de altar que indicasse a existência de capela. Ao citar esta casa, convém, ainda, uma referência a construções semelhantes, uma delas, talvez mais antiga e de planta mais simples, localizada no antigo arraial de S. Gonçalo do Amarante, hoje Amarantina, distrito de Ouro Preto (Fig. 21). A capela que neste exemplar, com o quarto de hóspede, entala a varanda, constitui-se, porém, em corpo saliente do retângulo geral da planta. Três dormitórios ladeiam a sala, e a varanda posterior de serviço é substituída por duas peças com portas de saída, uma das quais se comunica com a cozinha, em apêndice. Também nessa edificação uma das peças que se abrem para a varanda destina-se a loja, com duas portas geminadas. Ainda no Município de Ouro Preto, como se verifica em Casa Branca, hoje Glaura, não são raras as construções desse tipo, porém curiosas são as que ocorrem no nordeste do Estado, onde a economia pastoril se faz sentir na transformação da varanda de frente em eventual curral.

Nas chácaras ou sítios dos arrabaldes da Vila, as plantas já não se apresentam com o mesmo partido, complicando-se em função do duplo compromisso urbano e rural. Em Água Limpa, por exemplo, a sala coloca-se lateralmente à varanda e a circulação interna se faz por intermédio de um corredor transversal, comum nas casas alargadas e de pouca profundidade. Os dormitórios se transportam para os fundos, solução que, por vezes, se repete nas moradias situadas em esquinas. É claro que a chácara de Água Limpa é de construção menos antiga que as anteriormente citadas, tendo ainda sofrido várias modificações e acréscimos posteriores, mas seu partido geral não foge aos de suas congêneres, em terrenos maiores, distribuídas ao largo.

## 5. Casas urbanas térreas

Já na Vila, propriamente, são encontradas casas que copiam as de morros, de quatro cômodos, porém

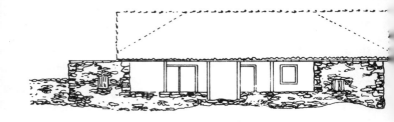

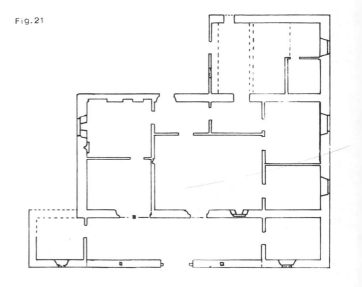

Fig. 21

delas diferenciadas por dividirem-se internamente em cruz, com dois cômodos menores em sucessão longitudinal de um lado, e os dois maiores do outro. Enquanto as primeiras se agenciam por assim dizer, em função de um centro comum, a sala, alternando-se em sua volta as demais peças, as segundas distribuem-se em profundidade, em alas paralelas. (Fig. 22). É entre estas que aparece o corredor, peça que constitui a dinâmica das plantas que, em geral, nas povoações, ocupam toda a largura dos terrenos. (Fig. 23). Estabelece ele o acesso, a ligação entre as várias peças da casa e o trânsito entre a via pública e os quintais. É a espinha dorsal das moradias, furando-as de fora a fora e servindo-as por inteiro[13]. Quando não alcança a área livre traseira, termina na cozinha ou atinge, pelo menos, os pátios centrais. É quase um beco particular que supre a falta de área livre nas laterais. Por isso mesmo, esse corredor muitas vezes é tratado com certa rusticidade, quase com via aberta, com seu piso de terra batida, de pedra ou de ladrilhos cerâmicos. Funciona como vestíbulo nobre mas, ao mesmo tempo, como simples abrigo, até de animais. É peça de recepção, ante-sala por vezes, tornando-se, a seguir, íntima e, afinal, passagem de serviço. Alguns não se fecham em seu extremo de trás e a porta de frente é tão larga quanto o permita a largura da peça, como na Praça Tiradentes, 8. Em casas de duas frentes, pode desenvolver-se em dois braços normais entre si, na entrada, longitudinal, depois, transversal à moradia, como na Praça de Antônio Dias, esquina da Rua do Palácio Velho.

O agenciamento das plantas, em função desse corredor, é comum a todo o Brasil, chegando Vauthier a esclarecer que "quem viu uma casa brasileira viu quase todas"[14] e Debret a completar que

as casas absolutamente idênticas, tanto interna como externamente, diferem apenas pelo número de janelas[15].

De fato, as que o citado engenheiro analisa em Recife ou as descritas por Debret no Rio de Janeiro

13. Pires de Almeida em "Higiene das Habitações" (Rio 1886) cit. por Gilberto Freire em "Casas de Residência no Brasil", *Rev. SPHAN* n. 7, p. 117.
14. "Casas de Residência no Brasil", em *Rev. SPHAN* n. 7, p. 143.
15. *Viagem Pitoresca e Histórica ao Brasil*, t. 1, 226.

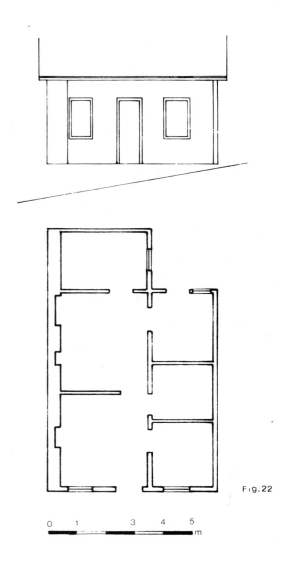

Fig.22

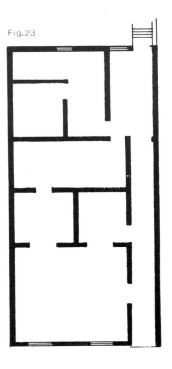

Fig. 23

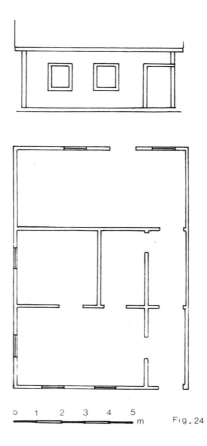

0 1 2 3 4 5 m   Fig. 24

são extremamente semelhantes às de Vila Rica. Na frente instala-se a sala, no meio os dormitórios, constituídos ou não em alcovas e, nos fundos a peça de serviço, as varandas ou cômodos delas originados (Fig. 24) que, fechados por panos de paredes, vazadas em múltiplos vãos (S. José 26) ou mesmo por evidraçamento total (Ouvidor) habilitam-se, assim, a uma utilização mais intensa. São estas varandas posteriores que depois se transformam em "avarandados" ou em salas de jantar que, ainda hoje, se designam por "varandas" mesmo quando destas não se originam.

Os prolongamentos da casa para os fundos muitas vezes se fazem também abertos ou em envidraçados, principalmente nas praças de circulação ou de serviço, solução que se encontra também, com freqüência, nas casas rurais da região.

Casas de plantas mais simples dispõem apenas de um dormitório, ao passo que a sala de trás se cobre com o prolongamento do telhado principal, podendo ainda ter piso de nível diferente dos demais. Outras, de plantas mais largas, dispõem de dormitórios situados lado a lado como na Rua Bernardo de Vasconcelos 13, e não em seguimento, entre a sala e a cozinha, um deles, obrigatoriamente, sem aberturas para o exterior. Por vezes, há acesso ao sótão, por meio de escada fixa, ou o corredor se contrai entre as duas salas, não atingindo a rua ou os quintais. Nesse último caso, é comum os dormitórios abrirem direta e exclusivamente para as salas, protegendo-se ao trânsito entre estas e as cozinhas e, quando os quartos de dormir não dispõem de aberturas para o exterior, suas portas para as salas são mais largas, evidentemente para melhorar suas condições de aeração e iluminação.

Em geral as dimensões das peças das habitações são pequenas. Os corredores medem de 1 a 1,30 m de largura, as salas oscilam em torno de 12 m², e os dormitórios raramente ultrapassam 10 m², equilibrando-se com as salas os cômodos de serviço. Verifica-se, porém, que as dimensões das peças crescem mais em função de largura das casas, das suas fachadas, que propriamente de suas áreas. Quando as casas são estreitas, mesmo dispondo de multiplicadas peças que se sucedem para os fundos, estas preferem dimensões redu-

*137*

Fig. 25. Ponte e Casa dos Contos, esta última a maior residência particular da Capitania.

zidas, ao passo que casas de poucos cômodos, porém mais largas, dispõem de peças mais ampliadas.

Esta impressão se reforça quando se consideram os tamanhos relativos das peças e do conjunto. Não só os partidos, os esquemas, das casas maiores são mais complicados, determinando recantos sombrios, corredores mais longos e sucessão de portas, como os seus cômodos, isoladamente considerados, mostram-se pequenos em comparação com o conjunto, enquanto que, nas casas menores, plantas mais claras, de poucas divisões, sugestionam cômodos, proporcionalmente, maiores.

Em casas de frentes mais amplas pode o corredor transportar-se para o centro da planta, entre as salas e os dormitórios, o primeiro dos quais, às vezes, transforma-se em escritório ou saleta. Permitindo os lotes construções ainda mais largas, nova série de dormitórios se insere do lado oposto aos primeiros, ficando as salas entaladas entre eles. Em um caso, na Rua Padre Faria, 28, as duas salas são laterais na mesma ala longitudinal, paralela a duas de dormitórios, uma delas já demolida.

Em plantas mais complexas, alcovas aparecem no centro da habitação, aproveitadas para quarto de hóspedes, despensas ou mesmo depósitos. Em outras regiões do Estado, servem a capelas, como na casa da Rua Pedro II n. 15 em Sabará onde, a da frente tem altar e, a dos fundos prateleiras de despensa. Em Vila Rica, porém, não são encontrados vestígios de soluções semelhantes. Aliás, quase todas as capelas que, sem dúvida, existiram nas residências da Vila, com o tempo foram sendo substituídas por simples oratórios móveis ou nichos. Uma planta antiga[16] apontada como sendo da casa de Cláudio Manuel da Costa, inclui capela junto à varanda, mas não se coaduna com a residência deste inconfidente, situada na Rua Carlos Tomás n. 2[17]. Das que se conservaram, citam-se a da Rua Brigadeiro Musqueira n. 6, a do Hospício da Terra Santa e da Rua Conselheiro Quintiliano Silva n. 11, a pri-

16. *Anais Bibli. Nac.* v. XLV, p. 178.
17. Pelo estudo da planta e terrenos adjacentes parece tratar-se de uma casa rural e, pois, talvez se refira à fazenda deste inconfidente nos arredores da Vila.

meira das quais, curiosamente, se aproveita dos degraus da escada dirigida ao sótão para trono de seu altar. O cômodo onde se instala divide-se do contíguo por largo painel rotulado para a necessária separação dos fiéis, segundo sua condição social ou sexo.

Grande número de casas térreas na via pública, aproveitando de clives do terreno, que não tentam corrigir com terraplenos, dispõe de porões na parte de trás mas sem acesso vertical interno. Neles se instalam depósitos, cocheiras, pequena indústria caseira ou mesmo senzalas e cozinhas. Para isto, alguns se dividem por paredes, porém, na maioria, só as indispensáveis à estruturação do pavimento superior que pode ainda resolver-se em simples pilares de alvenaria ou molíticos, arcadas ou esteios. Pelo acesso aos citados porões responsabilizam-se toscas escadas de mão, iniciadas em alçapões abertos nos pisos dos corredores ou mais sólidas e externas, servindo também aos quintais.

Quando os terrenos, ao contrário, são em aclive, alçam-se os porões em maiores pés-direitos e, com melhor acabamento, abertos para a rua, reservam-se para lojas ou vendas. A moradia, exigindo escada na frente, é térrea nos fundos. Porões aparecem ainda preenchendo desníveis de terrenos transversalmente inclinados, com ou sem acesso direto para a rua (Fig. 25a).

## 6. Sobrados

Tendo em vista não só a melhor utilização dos lotes como também o caráter de maior importância de que se revestiam na época, como acentuam Vauthier e Gilberto Freire[18] ostentando a abastança e a posição social de seu proprietário, as classes mais elevadas da população não dispensam o sobrado, ainda que não decorra de simples aproveitamento de simples desníveis dos lotes.

Duplicam-se os pavimentos por toda a área construída, mas, como anota Kidder,

nas cidades o andar inferior raramente é ocupado para moradia; serve às vêzes para casas de comércio, outras para cocheiras ou estábulo[19].

18. "Casas de Residência no Brasil", *Rev. SPHAN*, pp. 172 e 103. Veja-se também de Gilberto Freire *Sobrados e Mucambos*.

19. *Reminiscência de Viagens*, etc., p. 189.

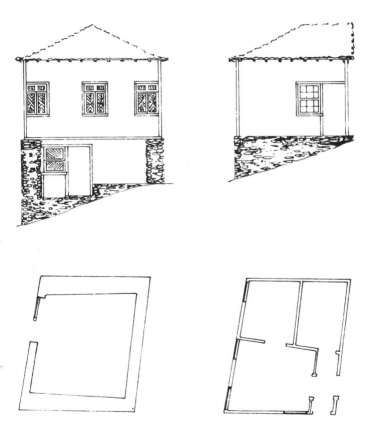

Fig. 25-A

Em Vila Rica reservam-se quase exclusivamente para lojas, depósitos ou senzalas (Fig. 26) não havendo memória das demais utilizações citadas pelo reverendo, talvez pelo pouco uso de veículos, impróprios à sua acidentada topografia[20]. As *Cartas Chilenas*[21] rea uma "caleça de duas rodas, puxada por mulas",[22] que o levou ao Palácio. Contudo, referências semelhantes são raras na bibliografia de Vila Rica. Eventualmente o rés-do-chão protegeria aqui animais de sela ou mesmo de carga estabulados, porém, de preferência nos porões.

Convém ressaltar que muitos sobrados se altearam sobre primitivas casas térreas que, antes destinadas à habitação, depois se adaptaram a novas funções, conservando, porém, traços evidentes de seu anterior agenciamento.

A escada para o segundo andar é sempre transversal e com pisos e espelhos dimensionados igualmente em torno de um palmo (Fig. 27). Para amenizar este inconveniente, divide-se a escada em dois lances, o primeiro dos quais, de poucos degraus, coloca-se na própria área do corredor, com um patamar intermédio. Estes degraus de convite, voltados para a rua, repetem-se no lado oposto, permitindo o trânsito para a parte posterior da construção, quando esta não tem seu piso ao nível do referido patamar. A ocorrência desse pequeno lance, visível da entrada, contribui também para marcar mais claramente a posição do acesso vertical que, em seu maior desenvolvimento, se esconde, não se apresentando, de súbito, ao trânsito, com os inconvenientes de sua aclividade. É claro que exceções se verificam à transversalidade das escadas, algumas apresentando-se longitudinais, em seguimento ao patamar de entrada, como na casa que pertenceu a Bernardo Guimarães, na Rua Alvarenga 96, na Rua do Pilar 1 ou Maciel 5, ou em posição inversa ao corredor de entrada, como na rua Direita n. 20.

20. Os bondes, puxados a burro, que, no fim do século passado, trafegaram na cidade, logo foram suprimidos, por impraticáveis.

21. *Op. cit.*, p. 204.

ferem-se à sege, de uso do governador, e Pohl alude

22. *Apud* Taunay, "Viagens na Cap. de M. Gerais", em *Anais do Museu Paulista*, t. 12, 216.

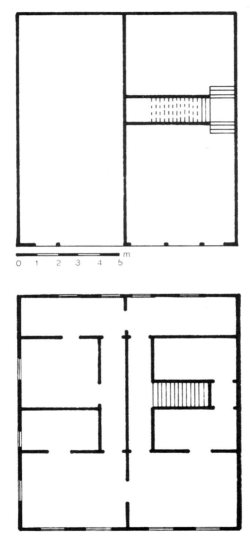

Fig. 26

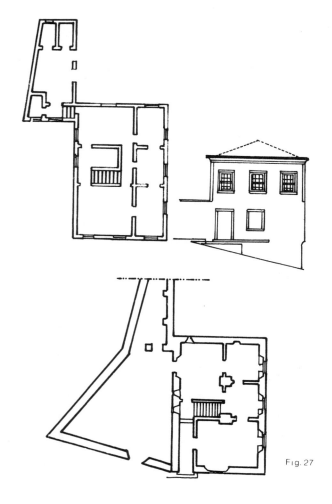

Fig. 27

Nas casas maiores e mais ricas, o corredor alarga-se na frente, transformando-se em vestíbulo e, no interior da habitação, restringe-se ao mínimo indispensável ou desaparece por completo. Havendo vestíbulo, nele se instala a escada, mas, ainda aqui, em dois lances, o primeiro dos quais, menor, de convite. O segundo entala-se entre paredes ou protege-se por composições vazadas, enquanto se veda completamente o plano entre os degraus e o piso. O trânsito para o interior das habitações se faz por meio de porta aberta no patamar ou sob o segundo lance da escada. Esses vestíbulos são raros em Vila Rica, aparecendo apenas em poucos exemplares do fim do século XVIII ou princípio do XIX, caracterizando os *solares* ou *casas nobres,* dentre os quais o da Rua Conde de Bobadela n. 7 que pertenceu ao inconfidente Francisco de Paula Freire de Andrade, Pilar n. 16 e Alvarenga Peixoto n. 4. Mais largo é o da Rua Carlos Tomás, 2, do meio do qual nascem os primeiros degraus semi-elípticos da escada, separados do patamar por porta completa. O mais vasto, porém, é o da residência erigida pelo contratador João Rodrigues de Macedo.

Mesmo quando em vestíbulos, a escada encosta-se sempre a paredes, contornando o cômodo, exceção da Rua do Pilar citada, onde, de três lances, em *"T",* pousa o primeiro e central, solto no meio da peça. Em certos casos, a escada se faz em *"U",* com patamar de volta, dois lances do mesmo sentido, mas de direção contrária, entre vestíbulos, sobrepostos como na Rua Getúlio Vargas n. 17.

Quando as habitações se colocam em segundo andar, pouco diferem das anteriormente descritas, alterando-se apenas o corredor, que passa de uma fachada lateral para a outra, reduzido em extensão, tendo em vista a impossibilidade de acesso direto à rua e aos quintais. (Fig. 28). Um simples patamar, do lado oposto ao corredor, liga um dos dormitórios à sala, e dele tem nascimento a escada que busca o terceiro pavimento, o sótão ou o mirante. Quando o corredor é central, no rés-do-chão, no segundo piso torna-se lateral ou ainda se duplica, quando a distribuição da planta o exige. Em habitações modestas, o citado corredor reduz-se a simples patamar de chegada, como na Rua Antônio de Albuquerque n. 7.

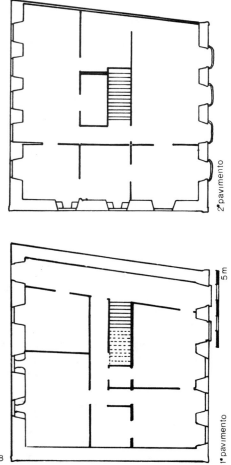

Fig. 28

Repetindo em altura os mesmos arranjos das plantas de pavimento único, muitos sobrados apresentam-se exatamente iguais às casas quadradas e de quatro cômodos dos morros (Antônio de Albuquerque n. 10); e deve ser lembrado que mesmo os sobrados maiores, de multiplicadas peças, constituem quadra em suas plantas, desde que não sejam considerados os apêndices que os completam para os fundos. Sobrados mais amplos com maior número de peças não dispensam a constante das paredes longitudinais contínuas, armando-se a planta em alas paralelas, cada um semelhante à composição das casas mais singelas de ala única. As salas preferem sempre a parte central, mais larga às vezes pela incorporação a elas da área do corredor, salvo os escritórios ou saletas que, vez por outra, ainda como nas casas térreas, ajeitam-se nos quartos de frente.

Só as casas de arrabalde, ou as que se compõem em largura, fogem em parte da constante citada, adotando o partido de duas alas, porém transversais.

Excepcionalmente aparece no andar elevado, como na Casa dos Contos, ou Getúlio Vargas n. 17, saguão em vez de corredor. Na Casa dos Contos é ainda curiosa a limitação da parte central apenas ao referido saguão, seguido de uma varanda, que ainda se conserva aberta, solução esta que se repete, mais ou menos, na Rua Getúlio Vargas, onde 4 cômodos iguais circundam o miolo da casa, reservado apenas para o vestíbulo, escada e pequeno cômodo traseiro, tanto no 1.º como no 2.º pavimento.

É pena que as várias destinações que sucessivamente se deram à casa de João Rodrigues de Macedo tenham apagado, quase por completo, o seu primitivo caráter de residência particular, sem dúvida uma das mais importantes de todo o Brasil.

Os terceiros pavimentos existentes em Vila Rica, com raras exceções relativamente novas, consistem apenas no aproveitamento de desvãos das coberturas, com seus competentes lanternins, águas-furtadas ou claraboias. Situam-se na parte central da casa, sob a cumeeira, entre as terças médias do telhado, nunca alcançando as fachadas, salvo as das empenas. Ampliando-se, porém, podem elevar-se sobre as coberturas, com águas próprias, dando nascimento aos mirantes ou torreões,

*147*

que também se designam por camarinhas. Em sua quase totalidade, decorrem de ampliações da moradia, sem prejuízo ou por falta de adequados espaços horizontais. São de cômodo único e de construção precária, em taipa de sebe ou tabique, de que também se compõem suas raras e eventuais divisões internas. Só na Casa dos Contos, já em quarto piso, vale-se o mirante do frontal.

Novidade que aparece nos sobrados são as sacadas[23] e balcões que participam da fachada principal, protegendo suas janelas rasgadas por inteiro. As varandas preferem as laterais ou os fundos, apoiadas em simples pilares ou esteios (Donato 18), sobre o primeiro pavimento (Direita 26), ou, por aclive dos terrenos, térreos. Poucas dessas varandas ainda se conservam abertas, fechando-se, em sua maioria, por paredes vazadas em grande número de janelas, isoladas ou geminadas. Há casos ainda, como no atual Asilo dos Órgãos, em que essa peça, por acréscimos posteriores, abre-se para pátios internos (Figs. 29 a 30).

De balcões sobre a rua são exemplos o do Largo Frei Vicente, 15 (Fig. 31) e o da Rua Antônio de Albuquerque, n. 7, já demolido, ou 13 (Fig. 32).

---

23. A tradição mineira, esclarecendo a sinonímia desses termos, entende por "varanda" a peça aberta apoiada, cuja cobertura se faz em prolongamento da principal da casa, em contraposição aos alpendres que se cobrem por telhado próprio, em geral com tacaniça ou copiar que também dá nome à peça. "Balcão" são as peças abertas em balanço que, quando diminutos, chama-se também "sacadas". "Terraços" são as peças descobertas. Por varandas são ainda designadas as balaustradas, sejam de parapeitos, de bandeiras, de platibandas, etc.

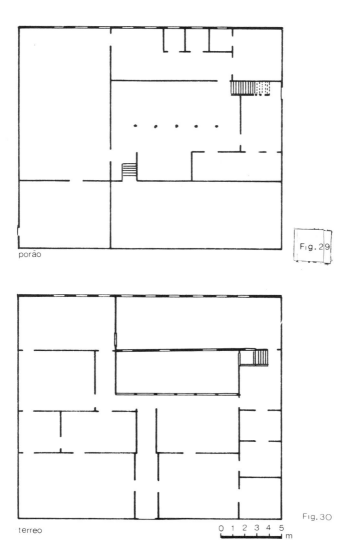

porão

Fig. 29

terreo

Fig. 30

0 1 2 3 4 5 m

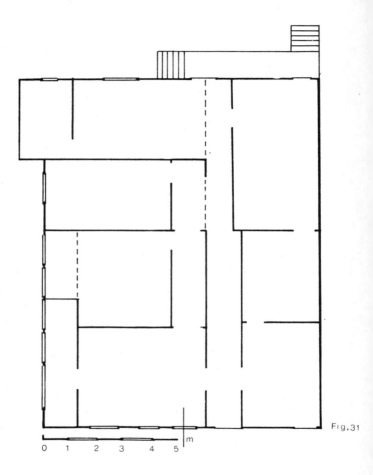

Fig.31

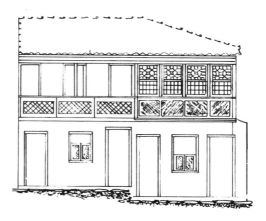

Fig.32

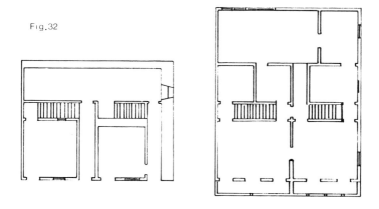

# 6. INTERIORES

## 1. *Acabamento geral*

As divisões internas são sempre de pau-a-pique, também chamado taipa de sebe, sopapo ou pescoção, usando-se, em Vila Rica, para as fasquias horizontais, as varas, as taquaras por inteiro ou achatadas, as fibras de coqueiros ou mesmo as fibras de *canela-de-ema*, amarradas a embira, cipó ou tiras de couro (mais tarde o prego), mesmo quando as paredes externas elevam-se de alvenaria de pedra. Adobos, que depois surgiriam, não são apreciados para os interiores, dada a maior espessura e o peso das paredes que compõe. Nota-se ainda que as divisões internas, em geral, dispensam infra-estrutura própria, apoiando-se simplesmente sobre os soalhos que, quando elevados do solo, suportam-se por vigamento contínuo e paralelo em toda sua extensão. Quando de área maior, apoios verticais diminuem os vãos dos barrotes que, todavia, armam planos de apoio homogêneos, sem reforços especiais para as paredes que suportam.

Tabiques e estuques, ainda mais leves, confinam também peças internas das moradias, quando secundárias ou fruto de arranjos posteriores à construção[1]. Raros são os interiores enriquecidos por decorações peculiares, se bem Mawe consigne que

as casas das classes abastadas em Vila Rica estejam bem melhor arranjadas e mobiliadas do que as que vi no Rio de Janeiro e em S. Paulo e, na sua maioria, conservam uma ordem perfeita.[2]

Quando muito, acabam-se com maior apuro as peças de recepção, entradas, vestíbulos e salas. Caprichosos torneados, delicadas treliças ou engenhosos recortes, como na Rua Getúlio Vargas, 17, protegem suas mais ricas escadas, e curiosos pisos moçárabes, de seixos rolados, em duas cores, formam desenhos geométricos no piso dos saguões, como na Rua Alvarenga, n. 4. Forros bem compostos ornam também as peças nobres, alteados ou planos, apainelados por cordões ou molduras, como na Rua Cláudio Manuel, 4, com seus caixotões rebaixados — (R. Brig. Musqueira, 6) — ou suas figuras ressaltadas como na Rua Pe. Faria, 28. Estes últimos, ao contrário dos demais, armam-se numa sala, em estrela e, em outra, em octógonos, mas concêntricos e estabelecidos em planos diferentes.

Para o interior das habitações, tornando-se mais íntimas as suas peças, mais manifesta se torna a modéstia do tratamento, em contraste com o das peças de recepção. Os forros passam a preferir as esteiras "compostas de varas de taquaras caprichosamente trançadas, resultando um tecido forte"... com "figuras retilíneas, tangentes e secantes, enfim, uma espécie de mosaico tosco e grosseiro na verdade, mas não poucos de desenho espontâneo"[3], o tabuado simples, o estuque

1. Quartéis APM, CMOP, Cód. 95, p. 246 (1785).

2. *Op. cit.*, p. 195.

3. Araújo Viana em *Das artes plásticas no Brasil*, IHGB (1915), parte segunda, p. 518.

*154*

"fasquiado polegada cheia por vazia"[4], e mais tarde a "saia e camisa". Abas e cimalhas "da ordem dórica"[5] completam os forros, em certos casos, resumidos a simples cordões, que arrematam a junção dos tetos com as paredes[6].

Os dormitórios não se distinguem das demais peças senão pelas suas menores dimensões e pelo fato de, às vezes, não disporem de aberturas para o exterior. Em que pese opinião difundida por todo o Brasil, estudos mais aprofundados da matéria não levam a aceitar fossem as alcovas simples decorrência do costume de se enclausurarem as famílias ou, pelo menos, as filhas donzelas. Em primeiro lugar, os dormitórios nunca se colocam junto à via pública, posição sempre reservada para as salas. Para além destas, o interior é vedado ao estranho, que jamais tem acesso aos pátios ou aos quintais das residências. Nos fundos, estabelecida a ordem de precedência das várias peças, salas dormitórios e serviços, coloca-se a cozinha. Ficam, pois, os dormitórios obrigatoriamente no meio da casa, confinados ainda pelas peças vizinhas. É exatamente nesses casos que aparecem as alcovas, fruto da impossibilidade material das janelas. Sempre que, por afastamento das casas contíguas ou pela inserção de pátios centrais, alguma das paredes dos dormitórios é externa, nela aparecem janelas contrariando, assim, a hipótese de, quando confinados, visarem apenas a maior proteção à família. Óculos e seteiras, faixas rotuladas, como na Rua Bernardo de Vasconcelos, 10, janelas como na Praça 8, abertos para o exterior ou para cômodos vizinhos, melhoram, por vezes, suas condições de higiene.

Melhor arranjados são os quartos de hóspedes ou "casas de escoteiros"[7] colocados sempre na parte dian-

4. "Apont. para a obra do Palácio", em *Rev. APM,* 1901, p. 573.

5. *Ib.*

6. APM, CMOP, Cód. 14, 33 (1723) obra de *C.C.C.* "Cordões e molduras, em roda com sua gola deslavada com seu redondo em cima e os cordões lisos" ou com seus "filetes encarnados a têmpera" (Capela de Sta. Rita Cód. 70 CMOP, 7-v) ou pintados de "amarelo fingindo ouro" ou mesmo deste metal — idem).

7. A. Saint-Hilaire, *op. cit.,* 1. v., p. 123.

teira das habitações, com acesso mais fácil e independente, ligados às varandas nas casas rurais e às salas nas urbanas.

A cozinha "com seu fogão e seu armário de tabuado liso"[8], em geral prima pelo descuido, a maioria com seu entelhamento à vista, facilitando a tiragem da fumaça e seu chão de terra socada, algumas poucas lajeadas ou "ladrilhadas com tijolos assentados com traço por igual"[9]. Mais tarde, já com fogões de fornalhas, construídos de alvenaria, alguns sobre mesas de madeira, outros em pavimentos altos, não desdenhariam o tabuado liso. Antes, porém, os referidos fogões se resumem em simples braseiros no próprio solo ou em mesas de alvenaria, sobre as quais se levantam coifas em balanços, sustidos por grossas vigas de madeira ou de pedra, como as existentes na Casa dos Contos.

Cozinhas maiores preferem apêndices das moradias, seus porões como na Rua Gorceix, n. 13 ou mesmo construções à parte, em geral dispondo também de fornos semi-esféricos, de barro, para os assados e quitandas, muitos externos, sob telheiros, alguns somente com suas bocas abrindo para as cozinhas[10]. Copas e despensas aproximam-se das cozinhas, resumidas, em armários, embutidos ou não, com suas prateleiras rematadas por guarnições em varandas.

## 2. Vãos

Fecham-se os vãos por folhas simples de tábuas, em junta seca ou encaixes, ligadas por travessas, em malhete, pelo lado de dentro. Algumas "emadeiradas com uma (tábua) sobre si" (sobreposta)[11] com arestas amaciadas por pequenas molduras em quarto de círculo e filetes. Estas molduras podem tornijar o ressalto, deixando as extremidades, inferior e superior da tábua, numa extensão de cerca de um palmo, no mesmo plano de suas vizinhas, para melhor ajustamento da folha nos batentes.

8. Quartéis, APM, CMOP — Cód. 53, p. 215 (1754).
9. "Apontamentos para a obra do Palácio". *Rev. APM,* Ano 1901, p. 573 e ss.
10. João Camilo de Oliveira Tôrres em *O homem e a montanha,* p. 60.
11. APM, CMOP, Cód. 14, p. 33.

*156*

Folhas mais ricas são engradadas, com seus painéis preenchidos por almofadas salientes pelo lado de fora, porém comumente rebaixadas por dentro. Complexas molduras circundam as referidas almofadas que, algumas vezes, se arrematam em ponta de diamante. Os painéis almofadados nunca se sucedem iguais na mesma esquadria, mas alternam-se sempre, maiores e menores, postos ao alto ou ao largo, retângulos, quadrados e losangos, para evitar a monotonia da repetição.

Algumas das almofadas são móveis, constituindo postigos que quase não se notam, quando fechados.

Cachimbos fixados às ombreiras suportam os pinos dos lemes interessados às folhas, de cujo movimento se responsabilizam, e trancas, tranquetas, ferrolhos e fechaduras proporcionam a segurança de que carecem. Esses elementos, de ferro batido, enriquecem-se, como os espelhos[12] e lemes, de caprichosos recortes, solidarizando-se com as madeiras por intermédio de grandes pregos rebatidos, com redondas cabeças fendilhadas, à feição de parafusos. Pequenas aldrabas permitem percussões de aviso e muitas tranquetas se abrem de fora, por ação de dedeiras em alavancas.

Alguns marcos rebaixam-se em almofadados, mesmo no interior, e são providos de cimalhas, pelo menos nas salas de recepção, como na Rua Bernardo de Vasconcelos, 10.

Independentes das folhas cegas, gelosias se acrescentam nos vãos externos, permitindo a aeração dos interiores, porém, dificultando o seu devassamento. Convém notar que as treliças nas Minas, na maioria das vezes, constituem suplementos da construção, raras vezes, como na varanda da casa de Chica da Silva em Diamantina, ou no coro do Recolhimento de Macaúbas, tendo sido projetadas à época da construção. Nas janelas de Vila Rica nem mesmo dispõem de batentes nos marcos, fixando-se a ombreiras, por meio de largas dobradiças, postas à face e não na espessura das peças. Sugerem moda posterior às construções, muitas dispondo de aro próprio sobreposto às ombreiras ou mes-

---

12. Ver ainda, resistindo aos turistas e mercadores, que deles despojaram quase por completo a cidade, o da Rua Padre Faria, 28.

mo, quando em caixões salientes, apenas suspensas das vergas, como ainda se mostram, *v. g.,* em Santa Rita Durão. Preferem o rés-do-chão, mais susceptível de devassamento e, quando se instalam nos sobrados, são motivados pela existência de pontos vizinhos a eles cavaleiros. A maioria gira segundo eixos verticais, porém algumas basculam, protegendo os interiores, mesmo quando abertas (Pilar 8). Outras preenchem apenas a parte inferior dos vãos, correspondente à altura humana, ou coroam-se por bandeiras mais vazadas, de balaústres, como na Rua Alvarenga, 90, ou de tábuas recortadas; finalmente, algumas poucas preenchem postigos abertos em portas e janelas ou caixilhos em guilhotina. Destinam-se, pois, a resguardar os interiores, funcionando quase como cortinas mas, ao mesmo tempo, não deixam de proporcionar alguma proteção contra as intempéries menos rigorosas, sem prejuízo de uma razoável iluminação e ventilação dos cômodos a que servem[13].

Muitas das proteções das janelas, como no litoral, se compuseram também de esteiras de taquara ou fibras, as urupemas ou peneiras, de menor custo, como as que até há pouco existiam em uma casa rural situada entre Santa Bárbara e Catas Altas de Mato Dentro.

Depois, o vidro, já citado em 1752[14] para os óculos da Matriz de Mariana e em 1756 para as janelas do Palácio de Vila Rica, difunde-se extraordinariamente na arquitetura residencial mineira, apesar de depender de "verdadeiras audácias de transporte através de caminhos horríveis" e de "grandes despesas também"[15]. Estas dificuldades não impediram sua maior aplicação "nos sobrados e até nas casas-grandes de fazendas de S. Paulo e Minas" de que nas regiões "mais em contacto com a Europa", talvez por "exigências de um clima mais áspero" como lembra Gilberto Freire[16]. Confirmando a assertiva, Pohl[17] encontra a

13. Ver desenhos de Wasth Rodrigues em *Documentário Arquitetônico*, fac. 1, estampa 19.

14. "Obras que são necessárias na Catedral de Mariana para sua Decência e Minist.", *APM*, Cód. 97, Maço 43 — a.

15. Gilberto Freire, *Sobrados e Mucambos*, pp. 276 e 208.

16. *Ibid.*

Fig. 33. Encardideira: as construções engatinham morro acima.

maioria dos sobrados de Vila Rica com vidraças que Caldecleugh[18] anota estarem com grande falta de vidros devido à dificuldade de transporte.

As primitivas folhas cegas passam a ser assim suplementadas, por pequenos caixilhos de vidro que fecham seus postigos ou duplicadas por novas folhas inteiras, também de vidro, em guilhotinas. Esses caixilhos são sempre subdivididos por pinásios em seis ou oito pequenos retângulos, a princípio menores e mais próximos do quadrado e depois de proporções mais ao alto, em todo caso de dimensões reduzidas em virtude das dificuldades do transporte, e do custo do material, sujeito a substituições freqüentes.

Para facilitar o movimento das folhas, fazem-se os caixilhos tão leves quanto possível, reduzindo-se ao mínimo as secções dos seus elementos e preferindo-se madeiras de pouco peso como o cedro e, depois, o pinho de Riga ou nacional.

Dimensionando-se os caixilhos em função da altura das ombreiras, quando as vergas se alteiam, preferem-se os superiores fixos para evitar que, baixados, ultrapassem a metade inferior dos vãos. No fechamento das varandas ou corredores instalam-se também caixilhos de vidro, porém, não completados por folhas cegas, principalmente quando os vão são geminados, sem panos de paredes que recebam as folhas abertas. Vidros protegem ainda os armários e estantes de copas, cozinhas e escritórios ou as pequenas aberturas, óculos, seteiras, clarabóias e trapeiras que beneficiam os cômodos secundários da habitação.

## 3. *Pintura*

As paredes e os forros em geral pintam-se de branco, a cal, a tabatinga[19], a gesso[20] ou, depois a

17. *Apud*. Taunay, "Viagens etc." *Anais do M. Paul.* t. 12, p. 224.

18. *Ib.*, p. 282.

19. Conf. Langsdorff, seg. "Esboço de sua viagem, escrito por Hércules Florence", (trad. por Alfredo d'Escragnolle), em *Rev. IHGB*, t. XXXVIII — (1875), parte 1, p. 442.

20. Cap. de Sta. Rita, APM, CMOP, Cód. 70, Fls. 7-v.

alvaiade[21], tanto interna como externamente. A pintura colorida com que se protegem as madeiras encorpa-se com cola, de peles[22], nas têmperas[23] com resinas, ou com óleo de linhaça[24], de mamona, etc.

Não se encontram em Vila Rica revestimentos especiais, azulejos ou tabuados, em alizares[25] por exemplo, nem barras ou pinturas decorativas sobre as paredes, cujos vestígios ainda se mostram em Sumidouro de Mariana, na casa que serviu ao "Colégio Osório" ou ainda no antigo Palácio Episcopal desta última cidade.

Muitos forros seriam pintados com decorações florais, conchóides, "grandes figuras e arabescos"[26], à semelhança dos edifícios públicos[27] mas o único exemplar deste último tipo, ainda existente, é o da Rua Sta. Ifigênia, 57. As abas e cimalhas e mesmo os portais fingem a pedra em "faiscados"[28] e os cordões marcam-se em ouro ou cores vivas[29] que também recobrem as esteiras[30], quando não têm seus desenhos acentuados

21. Condições apres. por Ataíde em 1825, transc. por Francisco Lopes em *Hist. da Const. da Ig. do Carmo de Ouro Preto*, p. 166.

22. Pelicas, por exemplo, conf. doc. acima.

23. Capela de Sta. Rita *APM SMOP*, Cód. 70, Fls. 7-v.

24. Torre da C.C.C., (*APM, CMOP*, Cód. 70, p. 98) onde se aplica esse óleo, em tudo que respeita a madeira.

25. Saint-Hilaire, *op. cit.* 1. v., p. 136, encontra lambris no Palácio. Em paramentos externos ainda se encontram tabulados, com juntas rematadas por cordões, principalmente nas empenas ou em paredes mais castigadas pelas chuvas, como na Rua Bobadela, 7, ou mesmo, sem mata-juntas, na fachada principal, como na Praça Américo Lopes, 7. Em barras, dos peitoris para baixo, comuns, por exemplo, em Diamantina, não o são em Vila Rica. Curiosa é a parede do oitão da Rua Alvarenga Peixoto, 88, que se fez em estuque sustido por varas sobre tabuado corrido. Modalidade de tabique, segundo Santos Segurado, *Trabalhos de Carpintaria Civil*, p. 95.

26. Antônio da Cunha Barbosa, em "Aspectos da arte brasileira colonial", *Rev. IHGB*, 1898, p. 122.

27. Na C.C.C. (Cód. 14, CMOP, 56 — 1725) "armas reais de ouro e prata... tarjas guarnecidas de brutesco... a cimalha de baixo coberta de cores, toda lavrada... ou coberta de lavor".

28. Antônio da Cunha Barbosa, *ib.*

29. Na CCC, *APM*, (Cód. 14, CMOP, 56 — 1725).

30. Rugendas, *Viagem pitoresco através do Brasil*, p. 142. Miran de Barros Latif, *As Minas Gerais*, p. 124, fala na pintura das esteiras com o vermelho do urucum.

*161*

pela simples alternância das faces de suas fasquias, ora brilhantes, ora, ao contrário, foscas.

A pinturas a óleo ou o douramento requerem sempre grande cuidado. A primeira, em geral se faz a duas demãos, mas chegam também a ser aplicadas, como no Palácio, em dez[31] que, em igual número, também aparelham o altar-mor da igreja de N. S. do Carmo[32]. Estes aparelhos em gesso tornam-se necessários, principalmente para as pinturas a óleo sobre madeira, para corrigir as imperfeições e asperezas das tábuas[33].

4. *Água*

A água necessária à habitação acumula-se em grandes vasos ou tonéis[34], supridos pelas fontes públicas. Muitas casas, entretanto, dispõem de nascentes situadas no próprio terreno ou a ele conduzidas por bicames de madeira[35] ou de telhões embetumados[36], regos ou canais, mais tarde substituídos pelos alcatruzes de pedra-sabão, "assentados em cal e areia e betumados nas juntas"[37] com cal preta e azeite mamona[38],

31. APM Liv. 75, 15 v. (1747).
32. Cond. de Ataíde, citadas por Francisco Lopes, *op. cit.*, p. 165 "5 de gesso grosso e 5 de gesso fino e cola de pelica fina", que seriam ainda completadas com lixamento e outras 5 de mão de bolo armênio, antes de se colarem, afinal, as folhas de ouro.
33. Sobre os corantes usados, veja-se: "Memória Histórica da Capitania das Minas Gerais", *Rev. APM,* ano II, p. 515, que enumera a oca amarela e branca — tabatinga — o anil, a cochonilha, o sangue-de-drago, a assafroa, o urucum, o pau de braúna, ipê ou mulato, e outras. Essas referências repetem-se nas "Memórias Históricas da Província de Minas Gerais", *Rev. APM,* ano XIII, p. 551 e completam-se por outras de Nieuhof, Spix e Martius, etc. conf. focaliza o A. em "Notas de aulas sobre sistemas construtivos adotados na arquitetura do Brasil", *Rev. Arquitetura e Engenharia, n. 16.*
34. *APM, DF,* Cód. 63, 139-v. trata do encanamento da água para o Palácio, assim "cessando a contínua despesa que se faz para a condução de água aos barris".
35. Às vêzes sobre esteios, em aqueduto, como uns do Palácio, *APM, DF,* Cód. 75, p. 52.
36. Obras da Ig. de N. S. do Carmo de Ouro Preto. Francisco Lopes, *op. cit.,* 35. Recobertos, por vezes, de lajes argamassadas com cal, como os da fonte de Henrique Lopes, conforme *APM, CMOP,* Cód. 41, p. 96 — v. (1742).
37. Água para o Palácio, *APM, DF,* Cód. 75, 52.

Fig. 34. Do Vale do Tripuí o casario sobe o morro.

manilhas de barro[39] ou mesmo de canos de chumbo ou cobre[40], pelo menos nos repuxos[41] despejando em bicas, de preferência vizinhas da cozinha[42].

Desaguam também em pátios ou quintais, de acordo com as imposições dos olhos-d'água, acumulando-se em tanques de pedra, monolíticos na maioria, alguns compostos em chafarizes, com frontispício "feito a modo de capela" com suas competentes carrancas.

Uma destas, na Rua Conde de Bobadela, n. 20 distingue-se das demais por valer-se, não de uma carantonha, mas de um belo rosto de mulher, encimado por fita falante com os dizeres: "Água da samaritana". Pela inovação do motivo, pela invocação bíblica e pela sua peculiar fatura, esta peça pode ser atribuída ao mestre Antônio Francisco Lisboa[43].

Nos morros, os tanques destinados aos trabalhos de mineração, sem dúvida atenderiam também às necessidades domésticas. Aliás a água foi razão de muita luta entre os mineradores, até que D. Pedro de Almeida regulasse o seu uso, em atenção a representações que o Guarda-mor Garcia Rodrigues Pais havia feito ao rei[44].

Exemplo curioso é, todavia, o da Rua Gorceix, n. 13, onde a água tem nascimento no próprio porão da casa, correndo sobre os ressaltos do embasamento, para terminar em chafariz instalado sob a varanda traseira.

As águas servidas escoam-se em regos para os fundos dos quintais ou lançam-se mesmo nas sarjetas das ruas. Muitas, porém, são conduzidas conjuntamen-

38. *Ib.*
39. *Ib.* — São também de cobre as chapas e pregos que acabam as bacias, e de bronze os registros dos encanamentos.
40. *Ib.* Repuxos são os encanamentos sob pressão, sifões. Ver Cód. 75 *APM*. Fls. 94-v.
41. Diogo de Vasconcelos em *As obras de Arte, Bicent. de Ouro Preto,* p. 172, afirma que "Ouro Preto é a cidade do mundo mais farta de água potável, sendo rara a casa que não a tivesse própria".
42. APM, CMOP, Cód. 41.
43. Esta e a escultura de uma aguadeira que se acha na Rua Cons. Quintiliano Silva, n. 11, já citada, atribuídas ao mestre referido, seriam, assim, as únicas de suas obras de propriedade particular.
44. Carta Régia de 10.3.1721. *Rev. APM,* ano I, p. 692.

*164*

te com as pluviais a bueiros de seção quadrada, construídos de lajes, pelo menos nas adjacências das habitações. Mais tarde, em 1887, o serviço de águas e esgotos da cidade foi, pela Lei n. 3456, entregue a um particular com privilégio de 30 anos.

Banheiros ou cômodos sanitários não são peças encontradiças na arquitetura da Vila. A higiene doméstica vale-se de peças móveis, as gamelas, os urinóis, depois as bacias de folha, de louça ou mesmo de prata, com seus competentes jarros. Cadeiras ou poltronas, com seus assentos perfurados e fechados por baixo, escamoteiam urinóis dando, ainda, melhor conforto aos velhos e doentes. Nos fundos de quintais, pequenos retretes de madeira, elevados sobre fossas ou regos, seriam as primeiras peças sanitárias fixas que depois se transportaram para o interior das habitações, já dispondo do ferro esmaltado para as suas banheiras de pés de garras, seus vasos e lavatórios. Estes últimos, assim como as pias de cozinhas, a princípio ainda se apegam a móveis de madeira, nos dormitórios designados por *toilettes*.

## 5. Mobiliário

Quanto ao mobiliário, propriamente dito, se bem sua beleza muitas vezes se faça notar no uso de adequadas madeiras, dos torneados ou dos trabalhos entalhes e da "moscóvia lavrada com sua pregaria"[45], seu número sempre foi relativamente pequeno como, aliás, em toda a Colônia[46]". As casas de Henrique Lopes, um dos mais ricos proprietários de Vila Rica, só continham, por ocasião de seu inventário, uma delas,

45. APM, CMOP, Cód. 28, 94-v.

46. Sobre Mobiliário no Brasil, ver Lúcio Costa "Notas sobre a evolução de mobiliário luso-brasileiro", em *Rev. SPHAN*, n. 3, p. 149; J. W. Rodrigues, "Móveis antigos de M. Gerais", *Rev. SPHAN*, n. 7, p. 79; José de Almeida Santos, "Estilo Bras. D. Maria ou colonial Bras.", *Rev. SPHAN*, n. 6, p. 317; W. P., "Mobil. vest. e Jóias e alfaias dos tempos coloniais", *Rev. SPHAN*, n. 4, p. 251; Gustavo Barroso, "Mobiliário luso-brasileiro", em *Anais do Museu Histórico*, 1940, — v. 1, 5 e ss. "Classificação geral de móveis antigos", em *Anais citados*, v .IV — 1943. Do A., "O mobiliário no Brasil", em *Revista de Arquitetura*, Belo Horizonte 1951, ano IV, n. 12.

Nos arrabaldes
a Igreja domina
o casario miúdo.

Fig. 35.

18 cadeiras de encosto, sem braço... um leito de jacarandá torneado... um bufete

e outra

10 tamboretes... 2 bufetes... um espelho pequeno... uma mesa redonda em que se janta... outro bufete ordinário... mais 3 grandes com encosto que servem na sala... e uma mesa de cozinha[47].

Só na segunda metade do século XVIII multiplicar-se-iam os móveis como atestam, por exemplo, os inventários dos bens pertencentes aos inconfidentes de 79[48]. A casa de Cláudio Manuel da Costa, *v. g.,* possuía

28 cadeiras, 32 bancos ou mochos, 2 leitos, 2 cômodas, 2 armários, 2 estantes e 1 poltrona[49].

Cabides de canto ou de face, cobertos por larga tábua de onde pendem cortinas de pano, funcionam como armários, e caixas e arcas, guarnecidas ou almofadadas suprem a falta das cômodas e guarda-roupas que, algumas vezes, também aparecem. Meias cômodas, "papeleiras" e "bufetes" completam o mobiliário doméstico.

Nichos com prateleiras, embutidos nas paredes, guardam objetos menores, mais danificáveis, e os santos da devoção, enfeitados com jarros de flores. Oratórios assentam em mesas, penduram-se ou também embutem-se nas paredes, com suas portas almofadadas como na Fazenda do Gambá. Armários, raros para as roupas, reservam-se para a louçaria, as baixelas e os comestíveis.

Segredos nas papeleiras, nas arcas, nas mesas guardam os valores, as jóias, os documentos e o ouro sonegado aos quintos, que também se escondem em ocos de esteios, sob tábuas móveis de soalho ou pedras soltas de alvenaria.

Bancos de alvenaria, alguns revestidos de tábuas, apoiados ou em balanços, no largo do vão das janelas rasgadas por dentro, por vezes com panos de peito monolítico, completam os assentos domésticos, facilitando o descanso e a palestra dos moradores entre si, junto à via pública, pelo que se chamam "conversadeiras".

47. APM, CMOP, Cód. 28, 94, v.

48. Hélcia Dias, "O mobiliário dos Inconfidentes", *Rev. SPHAN* n. 3, p. 165. Saint-Hilaire, *op. cit.* 1. v., p. 136, referindo-se ao palácio, consigna que "era tão escassamente mobiliado como o são, em geral, as antigas casas portuguesas".

49. Hélcia Dias, *idem.*

*167*

Quando aparece a moda das salas de visitas, cadeiras se alinham emoldurando o largo sofá e a mesinha de centro[50] enquanto, pelas paredes, consolos e, mais tarde, os "dunquerques" completam o ambiente.

Algumas das peças desse período eram pintadas a vermelho, azul ou ouro, de liso, em *chinesices* ou mesmo com decorações sobrepostas, conforme ainda se apresentam na Fazenda do Rio de S. João, entre Cocais e Caeté. Outras enriquecem-se de filetes ou embutidos, em gregas, tabelas ou ainda composições florais, corações, aves etc.

Notáveis, porém, nas Minas, são os leitos das "vivendas dos ricos proprietários" que, "apesar de pouco guarnecidas de móveis, concentravam, contudo, o conforto nas camas de cortinas e colchas adamascadas[51], e nos macios lençóis bordados de renda" na apreciação de Saint-Hilaire.

Também com eles se impressiona Mawe que confessa nunca ter visto "leitos tão magníficos quanto os dos opulentos desta capitania"[52]. Caldecleugh não os exclui da pobreza geral do mobiliário mineiro, principalmente das fazendas, onde encontra, porém, cadeiras e camas de vime[53].

Muitas das camas que, quando melhores, se chamam "leitos" e quando pobres "catres", envolvem-se por cortinados pendentes de docéis que se armam sobre os altos postes das cabeceiras e dos pés, isolando o seu ocupante dos ares maléficos que, por acaso, vençam a já exagerada confinação das alcovas, dada a precária vedação dos vãos ou a ausência dos forros.

Cortinas, e sobrecéus com suas sanefas, "de damasco vermelho", "carmezim"[54] ou de "tafetá" como

50. Posição simétrica, enfática, formal, que Manuel Bandeira em *Guia de Ouro Preto,* p. 42, quer seja "sobrevivência de costumes árabes".

51. Cortinados de "damasco amarelo franjeado de prata" como o constante do inventário citado de Henrique Lopes.

52. *Viagem ao Interior do Brasil,* p. 196.

53. *Apud.* Taunay, "Viagens a Minas Gerais", *Anais do Museu Paulista,* t. 12, p. 281. Deve, porém, ser a palhinha e não o vime.

54. *Diário da Jornada de D. Pedro.* Damasco carmezim que também recobria as cadeiras e camas da casa.

168

Alcântara Machado encontrou também em S. Paulo[55], guarnecem igualmente as portas e janelas.

Freqüentemente o conforto doméstico se completa com "belíssimas baixelas de prata"[56] e boa louça das Índias, depois substituída pela inglesa e francesa muitas vezes, contrastando com a modéstia das habitações.

## 6. *Iluminação*

A iluminação primitiva vale-se de candeias de barro e depois de ferro ou latão, alimentadas a "óleo de baleia ou de mamona"[57] ou das velas de cera, protegidas ou não por mangas de cristal ou vidro, bojudas, fixadas aos castiçais ou, maiores, envolvendo-os por completo, pendentes dos tetos ou apensas a portais ou paredes. Esse tipo de iluminação perdura por todo o século XVIII e boa parte do seguinte, conforme o testemunho dos viajantes que, pela época, estiveram nas Minas. Saint-Hilaire, por exemplo, diz que

até agora não se intentou iluminar a sala (de teatro) de outra maneira que não a de colocar velas entre os camarotes[58].

Excepcionalmente, lustres de madeira suportam as citadas velas nas salas de recepção e, nas grandes festas, luminárias se acendem nas fachadas. Mais tarde, lampiões a gás de querosene ou de carbureto, com seus quebra-luzes de porcelana ou opalina, substituem as chamas de óleo ou de cera, até que a eletricidade, já no século atual, os tornasse também obsoletos.

55. *Vida e Morte do Bandeirante*, p. 33. "... de tafetá azul com seu sobrecéu, guarnecidas com suas franjas de retrós vermelho e amarelo".

56. Saint-Hilaire, *op. cit.*, t. II, p. 286. No t. I, p. 170 diz que "como em todas (as hospedarias) em que nos hospedamos até então, fomos servidos em baixelas de prata".

57. A. de Lima Júnior, *op. cit.*, p. 300.

58. *Op. cit.*, 1. v., p. 138.

# 7. FACHADAS

## 1. *Partido geral*

A estética das fachadas decorre mais dos partidos adotados, da proporção estabelecida, da franqueza construtiva, da boa distribuição de seus vários elementos e sua acertada comodulação e modelatura, do que da riqueza de seu acabamento.

Salvo os elementos funcionais que se embelezam por determinadas formas, com os caixilhos, as cimalhas, e uma ou outra esquadria de maior apuro, detalhes mais trabalhados, como as arcadas ou as colunatas das varandas fluminenses, não são encontrados em Vila Rica.

Todavia

a arquitetura da cidade é tão espontânea e natural, e tanto se funde com a paisagem que, pode dizer-se, faz parte da terra, como as árvores da floresta ou o mato do chão[1].

De fato, suas construções casam-se perfeitamente com a topografia local, acentuando-lhe os contornos, as cores e as formas dos telhados confundindo-se com o próprio solo, suas cumeeiras, afeiçoando-se a espigões ou alteando os naturais outeiros.

As residências, "desataviadas e pobres"[2], desprovidas de qualquer ênfase que, em particular desmembrasse a homogeneidade geral, ajeitam-se modestamente aos vales, galgando em escalonamento contínuo as ladeiras, a cujos acidentes se amoldam em ritmo perfeito. De tal modo se colocam em sucessão cadenciada e justa que o seu conjunto adquire acentuado movimento, tão próprio do barroco[3], e manifestado, não nos elementos em si, as casas, mas na continuidade delas, em orgânica simetria.

O estilo, tão apegado às decorações, às ousadias, aos requintes, se exprime caracteristicamente nos monumentos religiosos mas, também, se extravasa com naturalidade, espontâneo, não no comportamento das fachadas, de linhas despretensiosas, mas nas soluções estruturais, no desapego ao formal, ao estático, na conjugação dos volumes e na comunhão variada de seus grupos residenciais, agenciados na povoação linear, com um caráter eminentemente dinâmico[4].

Formas diferentes, horizontais, as praças e os lar-

1. Paulo Santos, *Arquitetura Religiosa em Ouro Preto,* p. 18.

2. Lúcio Costa em "Documentação necessária", *Rev. SPHAN* n. 1.

3. Hannah Levy em "A propósito de 3 teorias sobre o barroco", *Rev. SPHAN* n. 5, p. 276 e ss.

4. "no profuso desdobramento dos tipos originais e através dos exemplares mais perfeitos da arquitetura civil e religiosa, me foi dado distinguir melhor essa graciosa união de modéstia e ostentação, de recato e majestade, de simplicidade e grandeza, que faz brotar tão naturalmente como a flor da haste, as construções mais genuinamente portuguesas. Ali, em Ouro Preto, melhor que alhures, se entende a dialética instintiva, que fundiu os contrários e presidiu as criações artísticas desses homens da "pequena casa lusitana que descobriram mundos e fundaram impérios", conf. Jaime Cortesão, em prefácio a *A Capitania das Minas Gerais,* de A. de Lima Júnior, p. X.

gos, os verticais, as igrejas e palácios, interrompem, por momentos, a eurritmia urbana que não perturbam, mas, ao contrário, enriquecem e valorizam. E assim como a grandeza desses monumentos só se tornou possível pelo esforço conjunto do povo, também a beleza urbana decorreu da soma das iniciativas privadas, que não puderam, isoladamente, revestir-se de maior apuro.

Regras empíricas, na maioria codificadas no Renascimento, ordenando a composição arquitetônica em obediência aos quadrados, aos retângulos por eles gerados, ao paralelismo das diagonais, à relação numérica das várias dimensões dos planos e volumes, às propriedades das linhas horizontais, verticais, oblíquas ou curvas, etc.[5], não deixaram de fazer-se presentes com maior ênfase nas edificações de maior vulto mas, também, por reflexo, na arquitetura residencial. E enquanto as frentes das casas que cordeiam as vias públicas, de certo modo se aprumam, se formalizam, arrumadas, para o interior, os fundos se esparramam num à vontade típico, ajeitando-se como podem à difícil topografia local, resolvendo com franqueza e naturalidade os seus programas, orgânicos e funcionais. Varandas, puxados, escadas, cozinhas, o forno, o chiqueiro, pousam em qualquer lugar disponível, despreocupadamente, agarradas as construções umas às outras, ajudando-se mutuamente, como se só desta cooperação dependesse a sobrevivência.

É, pois, da aparente desordem, da variedade, fruto da pobreza, das modas sucessivas, dos arranjos, da diversidade de tratamento e desigualdade na conservação dos trechos, que resultou a fisionomia do lugar, cujo aspecto é o de uma "cidade portuguesa que se exilou, que para aqui se transferiu, por milagre, mais beiroa que minhota", no dizer de Raul Lino[6].

"Ao vê-la assim (V. Rica) tão genuinamente setecentista" acrescentaria Jaime Cortesão[7] "pareceu-me que havia fundido em si com perfeita harmonia, para melhor beleza da cidade, a severidade transmontana de Vila Real, a opulência religiosa de Braga e a majestade senhoril de Coimbra".

5. Cloquet em *Traité d'architecture, 5. v.*
6. Prefácio a *Ouro Preto* de Germaine Krull. Lisboa, 1943.
7. Prefácio a *A Capitania das Minas Gerais* de A. de Lima Júnior, p. IX.

Sobradões da Praça; mais ao alto a estrutura da primeira Santa Casa de Misericórdia.

Fig. 36.

Por todo o século XVIII, de acordo com a tradição ibérica, as fachadas são sempre caiadas de branco[8], como confirmam, aliás, os viajantes que deixaram crônicas de suas impressões. As cores, como no interior da habitação, aparecem, de início, nos elementos de madeira[9], mas ainda assim, são pobres, primárias, carregadas, só se enriquecendo pelo contraste com os brancos das paredes. "Vermelho carregado", como assinala Saint-Hilaire[10], *sangue-de-boi,* como ficou na tradição, azul[11], amarelo ou o verde que as casas nobres preferiam[12]. Às vezes combinam-se duas cores, nos portais e folhas, nas esquadrias e cunhais, etc., quebrando a monotonia que, isoladamente, podiam proporcionar. Os elementos de ferro, como indicam as condições das obras públicas, são, de preferência, pintados de preto[13]. Os caixilhos de vidro sempre brancos[14].

## 2. *Casas dos morros*

As fachadas das moradias mais antigas, como as dos morros, caracterizam-se fundamentalmente por dois fatores; proporções, como nas plantas, mais ao quadrado, e uma acentuada robustez.

Mesmo as mais largas, compreendidas em retângulos, definem-se claramente em quadrados, sugeridos pelas portas que as dividem, pelas janelas que se inserem segundo diagonais da pressuposta figura ou pelo enquadramento das estruturas[15] que, em boa solução,

8. "Há de ser toda a casa assim alta como baixa, caiada por dentro e por fora", cf. a *CCC, APM,* Cód. 14, *CMOP,* Fls. 53 — 1725.

9. Alguns elementos como as esquadrias internas da capela de Sta. Rita, têm reforçada sua aparência de madeira por pintura à feição de raiz de oliveira. (CMOP, Cód. 41, 111 — 1742).

10. *Op. cit.,* 1. v., p. 132.

11. Como são as esquadrias internas da CCC em 1836, (APM, CMOP, Cód. 306, 8).

12. Inclusive os edifícios públicos. A CCC em 1725 (APM, CMOP, Cód. 14, 56), tinha, por exemplo, todas as suas janelas grandes e porta da rua em verde.

13. APM, CMOP, Cód. 41, p. 111 — 1742.

14. APM, CMOP, Cód. 306, p. 8 (CCC).

15. Veja-se, por exemplo, o risco do quartel de Vila do Carmo, reproduzido na *Rev. SPHAN,* n. 4, p. 211, e o de Vila Rica, ambos por cópia, expostos no Museu da Inconfidência.

*175*

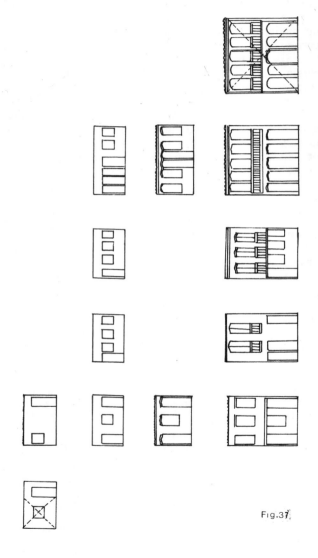

Fig.37

sempre afloraram nos paramentos, exprimindo a verdade construtiva das edificações.

Em geral só fogem ao partido citado, quando interessadas a residências, cujos pisos elegem para sua posição a altura média dos terrenos circundantes. Em conseqüência, algumas fachadas se elevam sobre embasamentos, ao passo que outras, não só os dispensam, como se contentam com diminutos pés-direitos, compondo assim unidades pesadas, robustas, agarradas, meio enterradas no solo. Esta aparência de robustez completa-se ainda na inconteste prevalência dos cheios sobre os vazios e pelo dimensionamento da estrutura aparente, esteios, portais, baldrames, frechais ou mesmo cachorros, cujas secções, em quadra, são sempre maiores, quando mais antigas.

Os vãos, além de poucos, são de área reduzida, com vergas retas, de nível, ensambladas nas ombreiras que, quando a construção é de taipa de sebe ou de adobos, prolongam-se do baldrame ao frechal. Ao contrário, quando se trata de alvenaria de pedra, são os lintéis que, buscando maior apoio, se estendem para os lados, como se mostram em uma casa perdida no Campo do Raimundo.

Colocando-se ainda os vãos a igual distância do piso e do forro, como na Rua Bernardo de Vasconcelos, 13 e 25, a faixa cega sobre eles, maior que as ulteriores, contribui para ressaltar o aspecto pesado, compacto, que a prevalência dos cheios já sugeria.

As coberturas, mesmo quando de casas isoladas, armam-se de duas águas, com empenas laterais, só mais tarde aparecendo as tacaniças, tornijando, assim as beiradas, horizontalmente, por toda a habitação. No primeiro caso, protegem-se menos os oitões, das águas pluviais, dado o pouco balanço, neles, das coberturas. Essa contingência talvez tenha contribuído, também, para o menor número de vãos nas laterais. Não há sinal do agenciamento dos oitões com telhas de topo, normais à água de que participam, como aparecem nas capelas dos morros.

O ponto alto dos telhados, aliado à horizontalidade de suas beiras, pouco sacadas, determina acentuada curvatura do entelhamento sobre o contrafeito de pequena extensão e os fortes cachorros, como os frechais, têm suas cabeças chanfradas ou emolduradas

*177*

em quarto de círculo, peito de pomba, etc. Em geral, os que perduraram têm seus perfis mais pobres que os de outras regiões, mesmo da capitania, como os de Mariana ou de Congonhas do Campo, nunca sendo esculpidos como os da casa onde nasceu o Visconde de Sapucaí, em Nova Lima[16].

As folhas dos vãos singulares são mal acabadas, de calha, utilizando madeiras pouco escolhidas e, pelo menos nas construções de alvenaria, os portais têm menores secções, encaixando-se em rebaixos praticados nos vértices dos vazados. Estes elementos, assim leves, se por um lado constituem exceção à robustez da fachada, por outro, por contraste, a acentuam.

Também leves são as treliças[17] que protegem os interiores das habitações, dispostas segundo decorativos desenhos, convergentes ou divergentes. Esses desenhos estendem-se igualmente por toda a esquadria ou se restringem, repetidos, aos painéis delimitados pelo engradamento de suas folhas. As peças de madeira usadas são de secções mínimas, nas fasquias, semicirculares, de quinze milímetros, igualando-se os cheios com as luzes. O conjunto apresenta-se de extrema delicadeza, como uma renda, cruzando-se as fasquias segundo as diagonais do vão ou dos painéis das folhas, nunca porém normais entre si. As réguas de dentro, verticais, facilitam os desenhos das de fora, quando mais complicados, mas em geral repetem, se bem que em sentido contrário, as composições externas.

Felizmente, em Minas, não teve maior eco a proibição a certos *góticos costumes* com que em 1809 procurou o intendente geral de polícia do Rio de Janeiro[18], justificar a abolição das rótulas naquela cidade.

16. Encontrados e recolhidos pelo A. ao Museu do Ouro em Sabará. Como as cimalhas, mais tarde, se instalaram, de preferência, nas casas melhores do lugar, é provável que a introdução deste novo elemento tinha substituído os melhores *cachorros* de Vila Rica.

17. José Mariano Filho, em *Influências Muçulmanas na Arquitetura tradicional brasileira,* designa por "adufas árabes" as citadas gelosias.

18. Paulo Fernandes Viana. Luccock (fls. 25 e 56) atribui a proibição também ao medo de "emboscadas para assassinos". Em S. Paulo foram retiradas por ordem da Câmara, em 1874 (conf. Wasth Rodrigues, *op. cit.* fac. I).

Em Vila Rica elas perduraram até o século XIX, só vindo a ser desprezadas no princípio do atual, pela ruína ou a introdução das folhas de vidro de abrir, em substituição às mais antigas, em forma de guilhotinas[19].

## 3. *Casas de arrabalde*

Passada a primeira fase da mineração, vencidas as asperezas do sertão, as casas alongam-se com maior liberdade, tomando um partido horizontal, acachapado, típico. Nos arrabaldes ou mesmo nas extremidades da povoação, onde os terrenos são maiores, esse partido evidencia-se definido, entre outros elementos, pelas beiradas que, então, atingem grandes balanços[20] ou pela fuga de seus vãos para as laterais.

Manifesta-se assim uma clara tendência para o alongamento, frentes tanto extensas quanto comporta a situação, tendência essa apenas, de certo modo, contrariada pela sucessão das esquadrias, mais numerosas e mais ao alto, com suas vergas, antes igualmente distanciadas dos pisos e forros, destes agora mais aproximadas. O afastamento dos peitoris aos pisos continua o mesmo, mas o das vergas aos tetos reduz-se, então, à metade, posição que, daqui por diante, seria constante.

O número de vãos também aumenta, passando de um único ou dois a vários em sucessão, os cheios a princípio equivalendo a duas vezes a largura dos vazios e, mais tarde, equilibrando-se com estes. As esquadrias enriquecem-se de melhor acabamento que, ainda em folha única, compõem-se de almofadas fortes, dispostas ao largo.

As portas já não ocupam obrigatoriamente o centro da composição, deslocando-se para as laterais, em partido menos rígido e estatístico.

19. Saint-Hilaire, cit. por Aires da Mata Machado F.º em *Arraial do Tijuco, Cidade Diamantina,* p. 101, ainda as encontra em profusão em Vila Rica, mais do que no Tijuco, porém, achando que entristeciam as casas. Ver desenhos destes elementos em Wasth Rodrigues, "Documentário Arquitetônico", por exemplo, fasc. I, estampas I, 5, 6, etc.
20. Saint-Hilaire, *op. cit.* 1. v. salienta sempre, em Mariana e em outras povoações que percorreu, que seus beirais são sempre invariavelmente menores que os de Vila Rica.

Na Fazenda do Manso, por exemplo, a proporção mais ao comprido, determinada pelo vazio da varanda de pouca altura, acentua-se ainda nos corpos laterais fechados que, mantendo pés-direitos de dois metros e cinqüenta, dispõem, porém, de quatro metros e meio de largura (Fig. 38).

## 4. Casas urbanas térreas

Mesmo na Vila, já com poucas frentes de terrenos disponíveis, ainda predominam, no conjunto das fachadas, as linhas horizontais, senão verdadeiramente, pelo menos na aparência; efeito esse obtido intencionalmente tanto graças à continuidade das vergas que muitas vezes ultrapassam as ombreiras (como na Rua Getúlio Vargas, 26), quanto ao alargamento das fachadas além da casa propriamente dita, abrangendo portas laterais de jardins (como na Rua Alvarenga Peixoto, 62) (Fig. 39) e ainda aos menores pés-direitos, à continuidade de casas semelhantes e, finalmente aos patamares que, corrigindo as inclinações das ruas, a elas se contrapõem.

Quando as inclinações dos arruamentos são maiores, os patamares se estendem apenas por grupos de residências ou servem a cada uma delas em particular, escalonadamente, perturbando, assim, a horizontalidade dos conjuntos que se armam, então, em linha quebrada, porém com clara predominância de seus seguimentos horizontais, como na Rua do Pilar.

Paralelamente ao alargamento, se bem, é claro, não podendo sempre a ele corresponder, elevam-se as casas, nos meados do século XVIII, a três metros de altura, prezando já uma verticalidade que as ombreiras e as proporções de suas esquadrias multiplicam.

Da mesma forma, por volta de 1730 a 1740, por influência do Palácio dos Governadores, as vergas se alteiam em arco de círculo[21] confirmando, nas fachadas, sua tendência vertical.

21. A introdução das vergas curvas no Brasil, conforme apurou D. Clemente da Silva Nigra em Construtores e Artistas do Mosteiro de S. Bento do Rio de Janeiro é devida a Alpoim, que a incluiu também no Mosteiro referido e que, com o Palácio, foram as primeiras obras nacionais que delas dispuseram.

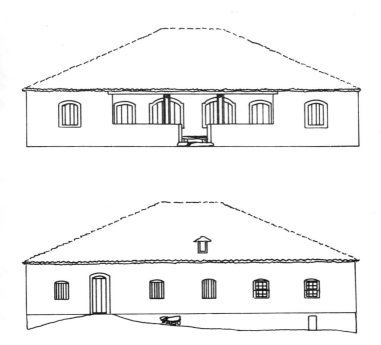

Fig. 38

Fig. 39

Todavia, as extremidades da peça sobre as ombreiras continuam de nível, compondo com seu encurvamento a graciosa ondulação própria do barroco que, então, atingia o apogeu.

Principalmente quando contínuas, como na Rua Maciel, 5, estas ondulações refletem, nas fachadas, o movimento, o dinamismo, tão peculiar ao estilo. Os largos beirais de cachorrada, pelo menos na frente das moradias, são substituídos por cimalhas de alvenaria e massa, em forma de peito de pomba, fugindo timidamente ao paramento externo e dispensando, como na Rua Carlos Tomás, 2, o lacrimal e a multiplicidade das linhas horizontais. Algumas cimalhas de estuque, como na Praça Tiradentes, 2, reduzem-se a simples escócias, contrariando também, ao mínimo, a procurada verticalidade das fachadas.

Cornijas de madeira protegem as vergas que guardam também indicações cronológicas, como na Rua S. Ifigênia, 8: 1750 ou 1760.

Uma destas inscrições, na fazenda do Gambá, excepcionalmente bem trabalhada, sendo a peça, em toda sua extensão, preenchida pelos algarismos romanos "MDCCLIV" e as iniciais "ANS". Provavelmente, a exemplo de casas de Itatiaia e Ouro Branco, estas inscrições foram feitas com aproveitamento de pedras isoladas, retangulares, apenas almofadas, ou esculpidas em conchóides, à feição de cartelas. Todavia, correspondem sempre a datas posteriores a 1750, quando parece ter sido difundido o seu uso que, antes, e ainda assim raras, só se limitava aos edifícios ou obras públicas.

Uma curiosa inscrição encontra-se na casa da Rua S. Ifigênia, 41, em uma pedra que hoje serve de ábaco, em local evidentemente diverso do primitivo. O simples texto: "ANT. ALVES OFES ASUA CUSTA PELLAS ALMAS PNAVM. 1741"[22] faz pensar mais em obra religiosa ou pública, porquanto, além da posição inusitada que ocupa, colocada em acréscimo com o qual se ampliou edificação anterior, seria perfeitamente dispensável a expressão "o fez a sua custa", caso se tratasse de construção particular.

22. "Antônio Francisco Alves o fez a sua custa pelas almas. Padre Nosso Ave Maria, 1741".

Quando as ruas são tratadas por inteiro, em um só plano, os patamares, que antes figuravam terraplenos, escamoteando o agenciamento dos pisos das habitações em altura, são substituídos por embasamentos de pedra, às vezes sem revestimento, vencidos por escadas ou rampas, quando estas se permitem pela própria conformação dos terrenos, tal o caso do Largo Frei Vicente, 9, ou do Palácio.

Em certos casos, o eixo longitudinal das ruas, pelo trânsito ou enxurradas, tanto se aprofunda em relação às casas, que estas mantêm seus patamares sustidos por pedrais ou rampados, vencidos, também, por escadas externas, como na Rua Alvarenga Peixoto, n. 30 e 36. Só raramente estas escadas, como na Rua Maciel, 3, atingem segundos pavimentos. Na maioria, sem parapeitos, de poucos degraus, são de lance único, algumas de três conjugados, que, às vezes, se integram em semicírculos concêntricos, como na rua citada, n. 69.

Em casos raros, as ombreiras da porta principal, como na Casa dos Ouvidores, desde ao novo nível externo, ficando interna a escada de acesso ao piso da residência. É o que se verifica também em várias habitações da Ladeira do Rosário (9 e 11), onde algumas das portas se completam por cima com bandeiras à feição de janelas emparelhadas com as demais, (1 e 3).

Quando os referidos embasamentos são de maior altura, muitos com cunhais apilarados, circunscrevem porões, com porta e janela, como na Rua do Pilar, 8.

## 5. *Sobrados*

Durante a mesma época, participando da tendência vertical dominante, as folhas das esquadrias se duplicam, estreitas e compridas. Essa tendência corresponde aliás, às próprias plantas que, superpostas, proporcionariam os sobrados.

Os mais antigos, contudo, ainda relutam em adotar o novo partido, conservando pés-direitos baixos, com suas vergas, muito aproximadas dos frechais principalmente quando curvas, ou contínuas, no pavimento térreo, figurando a divisão dos andares, de fato demarcada, na maioria dos casos, por madres que os revestimentos ocultam. É nítida ainda a preferência pelas composições mais acachapadas e mais apegadas ao solo.

Muitos desses sobrados se ergueram sobre casas de pavimentos únicos, deixando as épocas diversas das construções claramente apontadas: no rés-do-chão pelo menor número de suas esquadrias, estruturadas em pedra, por vezes com vergas retas; pelas suas proporções e elementos mais robustos, talvez mais rústicos; ao passo que, nos segundos pavimentos, predominam claramente as verticais e um tratamento mais aligeirado de seus detalhes, como na Rua do Pilar, 26.

Na Rua Sta. Ifigênia, 8, os marcos de pedra, agrupados, traduzem, na parte baixa da fachada, concepção mais forte e concentrada, enquanto no sobrado, os elementos estruturais mais leves e os vãos, fugindo para as laterais, correspondem a um partido mais delicado e expandido[23].

Em outro caso, na Rua Conde de Bobadela, 13, combinação singular se realiza, revestindo-se a fachada, no térreo, de pesada ensilharia, prolongada para o alto em leve solução de pau-a-pique.

Decorre, pois, a diversidade de tratamento dos sobrados não só das fases diferentes das edificações como da variedade dos sistemas construtivos adotados e ainda, por vezes, apenas da importância relativa que se pretendeu atribuir aos dois pavimentos, o primeiro de apoio, secundário, o segundo nobre. Tal ocorre no Palácio, onde a vãos baixos simples, de vergas retas, correspondem superiores vergas curvilíneas, enriquecidas por belas cornijas.

Se em Vila Rica, pela rapidez da construção e relativa disponibilidade do material, as edificações a princípio se fizeram de madeira e barro, materiais estes, pouco depois substituídos pela pedra com que se construiu a maioria de suas casas térreas, a seguir, talvez pela dificuldade de mão-de-obra, mais demorada, e mais fácil transporte para as matas distantes, é a técnica do pau-a-pique de novo preferida principalmente por mais leve, nos sobrados.

23. A extremidade lateral direita de quem a contempla é fruto de acréscimo posterior.

24. Hoje de tijolos.

Valem-se, assim, os embasamentos, os porões, o rés-do-chão, da alvenaria, e da taipa de sebe os segundos pavimentos, com suas estruturas meio soltas, sem amarração ou continuidade nos apoios. Soluções melhores completam, todavia, o enquadramento das fachadas, já insinuado pelos seus esteios, cimalhas e frechais, com madres aparentes, como os baldrames das casas térreas e pilastras que, na parte baixa, corrigem a descontinuidade de estrutura até o solo.

A harmonia do conjunto se acentua ainda na correspondência dos vãos, abrindo-se os superiores exatamente sobre os inferiores, ou distribuindo-se todos eles segundo eixos verticais simétricos, cheios sobre vazios ou vice-versa, regra só excepcionalmente desprezada, em geral, por imposição de alterações procedidas nas fachadas para indispensáveis adaptações a lojas, oficinas ou garagens, como na Rua Bernardo de Vasconcelos, 6. Na Rua Carlos Tomás, 2, a cinco vão superiores correspondem três inferiores, dois dos quais, colocados no eixo de cheios entre aqueles. Curioso também é o arranjo da Rua S. José, 4, onde janelas se alternam, uma rasgada por inteiro, outra com pano de peito, tanto no sentido vertical como no horizontal, compostas assim em xadrez, rematadas por porta isolada no térreo e duas janelas na empena, em composição simétrica.

A tendência vertical, condicionada pelos sobrados, continua porém a evidenciar-se, rasgando-se então as janelas até o piso[25], protegidas por parapeitos torneados, a princípio bojudos, freqüentemente com duplos paus de peito e suportados por bacias que se estruturam sobre os barrotes, prolongados, do soalho, ou se constituem em soleiras sacadas de pedra[26].

Rotulados em painéis, com suas almofadas inferiores, se antepõem aos torneados e proteções maiores,

25. Em Mariana há casas onde os vãos superiores continuam, pela decoração e o enquadramento, os inferiores. (Rua Direita, *v. g.*).

26. "Apont. para as obras do Palácio" em *Rev. APM,* 1901, 537: "Este cordão (que separa os pavimentos) serve de sacada e soleira a todas as janelas rasgadas".

*186*

ainda compostas em treliças, os muxarabis[27] que, como caixas, envolveu o vão em toda sua altura[28] sem dúvida completaram também os balcões de Vila Rica, como comprovam fotografias antigas do lugar. É provável ainda que muitos painéis rotulados, que hoje se limitam aos parapeitos das sacadas, sejam partes preservadas dos referidos *muxarabis*.

Balcões com balanços maiores, rotulados como os litorâneos, cobertos por prolongamento do telhado principal, não deixaram memória na Vila. Alguns poucos, abertos ou posteriormente envidraçados, conservaram-se, entretanto, como na Rua Antônio de Albuquerque, 5, 7 e 13, mas não parecem ter sido freqüentes. No Largo Frei Vicente, 9, um desses afronta o arruamento, porém, em fachada secundária aproveitada para comércio, em porão, voltando-se a residência para o largo citado.

Paralelamente à tendência para a vertical, tiveram, todavia, as fachadas melhor acabamento, permitido por uma economia mais sólida, por sistemas construtivos mais evoluídos e maior conhecimento dos padrões artísticos teóricos.

Os volumes das coberturas, cujos galhos, já antes, disfarçavam, abrandam-se ainda por remates que, inspirados em soluções orientais, alçam-se nos extremos das cumeeiras e nas quinas das beiradas que, em vôo, continuam. Em geral, cerâmicos alguns, a próposito modelados, na maioria recorrem às próprias telhas que recortes e argamassas configuram, sugerindo pombas que, do espaço, baixassem dóceis a que os telhados se afeiçoam pelos seus galbos quase em catenarias[29].

Cimalhas de variados perfis, quebrando-se para as laterais, porém só excepcionalmente se prolongando

27. "Balcón que sobresai al exterior cobierto con celosias de madera de uso frecuente em las construcciones de estilo oriental", conf. *Diccionario de Belas Artes* de J. Adeline e José Ramón Melide.

28. O único exemplar autêntico, ainda existente no Brasil, parece ser o da Rua Francisco Sá, em Diamantina.

29. "Cette incurvation de la toiture est très caracteristique de l'extrême orient et elle s'est repandue dans tous les pays influencés par la culture chinoise", conf. Eugéne Müller Brajnikov em "Traces de l'influence de l'art oriental sur l'art Brésilien du début du XVIIIème siècle", *Rev. Universidade de M. Gerais*, n. 9 — 1951, p. 40 e ss.

por elas, começam a substituir os largos beirais de cachorrada aparente (Fig. 40). Na maioria são de madeira, às vezes interrompidas por tríglifos como na Rua do Rosário, 25 ou, como na Rua Alvarenga, 3 e 4, ressaltadas sobre os cunhais[30]. Em geral são de grandes balanços, adotando perfis cujas arestas, faixas e filetes, acentuados em luz e sombra, amenizam a verticalidade das fachadas. Algumas servem-se ainda dos cachorros que apenas se recobrem, nos topos, pelo lacrimal, e, por baixo, por tabuado liso, ficando somente os seus extremos, junto às telhas e paredes, ligeiramente perfilados em curvas, como no Largo do Rosário, 11. Outras obedecem mais aos modelos clássicos, mas, em geral, suas curvas se limitam a quartos de redondo, com ou sem solução de continuidade, desenvolvendo-se mais ou menos em 45º com as fachadas. Em casos isolados, as cimalhas resumem-se, como na Rua S. José, 7, a planos oblíquos, com ou sem lacrimais de permeio, ou se prolongam por beirais de cachorros, que afloram do seu topo, como no Largo da Alegria, 1.

Abas e cordões, na casa da Praça Rio Branco, 1, conjugadas com gotas contínuas, arrematam as cimalhas pelo lado de baixo, enquanto, por cima, as bocas de telhas se alinham, sacadas, em pequenas ondulações.

Curiosa solução de conjunto é a oferecida pela casa da Rua Antônio de Albuquerque, n. 12, onde o delicado cordão desce pelos cunhais, estendendo-se pelo baldrame, circundando a fachada que assim se emoldura por inteiro.

Cornijas protegem também as vergas, retas ou curvas, com largos lacrimais, cuja luminosidade contrasta com as sombras de seus valentes balanços, ou emolduradas em ligeiros perfis, sobrepostas (Direita 44), superpostas ou fazendo corpo com lintéis, em madeira ou cantaria.

Fechos inserem-se nas vergas, trapezoidais, lisos, como na casa de Gonzaga, ou, em modilhões, como no Largo da Alegria, 3, 5 e 7, de acordo com a boa téc-

---

30. "Com seus ressaltos nos cunhais", cf. apontamentos para obras do Palácio, 1947, *Rev. APM*, 1901, p. 573.

188

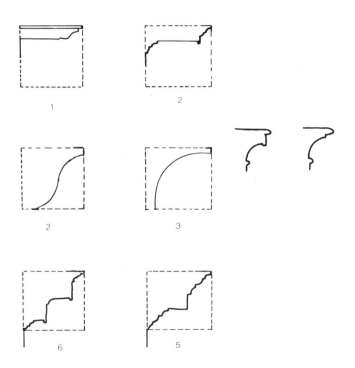

Fig. 40

nica dos arcos, embora, no caso, em peça monolítica, respondam apenas a funções decorativas.

Os oratórios de madeira, singelos, que se penduravam às esquinas, integram-se na construção, em nichos externos, como se apresenta o da Rua Bernardo de Vasconcelos, 9, excepcionalmente bem realizado. O cunhal, nascendo em aresta viva, configura-se em quilha de navio, à medida que se eleva do solo, permitindo, afinal, na altura do piso do sobrado, uma pequena base, onde assenta o oratório de secção trapezoidal. Por cima ergue-se ainda a sineira, em tábuas, coroada posteriormente por sanefas que pressupõem cortinas.

Decorativas são também as grades de ferro, material este que, presente desde as descobertas, nos instrumentos de mineração, no movimento e fixação das esquadrias, nos arreios, armas, etc., na segunda metade do século XVIII, com o vidro passa a figurar também elemento arquitetônico propriamente dito. Os guarda-corpos de madeira, sujeitos a se deteriorarem, pela ação das intempéries, são substituídos pelas referidas grades, a princípio de ferro batido, de balaústres simples[31] ou de desenhos repetidos, como aparecem no Palácio e na Casa de Câmara e Cadeia. Os conjuntos são fixados aos corrimãos e às soleiras, por intermédio de pinos e os seus vários elementos entre si, nos cruzamentos, por rebites. Mais tarde prefere-se o ferro laminado, de secção quadrada ou em fita, fazendo-se as uniões com luvas de chumbo ou braçadeiras no próprio laminado, não se desprezando, todavia, de vez, os rebites.

Variam as composições destas grades mas obedecem, em geral, a um partido uniforme. Faixas estreitas, tabelas, limitam superior e inferiormente ou mesmo circundam um painel central, preenchidas por pequenas volutas, SS, ondulações ou gregas. O painel arma-se em desenhos mais amplos, ainda em unidades sucessivas, retângulos de cabeças arredondadas, etc., ou simétricos em relação a eixos verticais, freqüentemente inspirados em ramagens, com volutas terminadas por flores estilizadas, servindo-se das folhas de samambaia

31. Parece que muitos balaústres de madeira de Vila Rica basearam seus perfis nos de ferro do Palácio, talvez, os primeiros deste material na Vila.

190

ou de outros elementos decoraivos, como a lira, setas cruzadas, etc., para centro de suas composições. Mais tarde, altos postes, ligados por cima às paredes, estabilizam as grades e suportam também a luminárias, como ainda se mostram na Praça Tiradentes, 8. Pinhas de louça, de cristal, de chumbo ou autênticos abacaxis metálicos, como os existentes na Rua do Pilar, 26, arrematam, como pináculos, os vértices dos peitoris.

Entre as sacadas originais, sobressaem as do sobrado da Praça Tiradentes, n. 19, onde as letras das frases "Para eterna memória do benefício imortal, teu nome fica gravado neste metal" se incorporam às grades. Trata-se, porém, de obra já do século XIX, possivelmente substituindo outras mais antigas, como indica seu abaulamento sobre bacia retangular, perpetuando o nome de D. Manuel de Portugal e Castro, cujo monograma aparece, também, na sacada central.

No fim do século XVIII, passam os vãos a prevalecer fortemente sobre os panos cegos da fachada que se reduzem, praticamente, a uma faixa superior, acima dos lintéis, completada por outra, inferior, abaixo dos peitoris das janelas.

Entre as esquadrias, pouco afastadas umas das outras, quase não contam os cheios que, muitas vezes, se restringem às simples ombreiras, comuns aos vãos geminados, cuja continuidade também estabelece nova faixa horizontal, em sombra ou cor, entre as já demarcadas pelas vergas e panos de peito. A conjugação dos parapeitos das sacadas, em grupos ou em seguimento, de um extremo a outro da fachada, reforça-lhe ainda a horizontalidade[32] que se equilibra muito bem, entretanto, com sua anterior tendência vertical, manifestada ainda, inclusive, nos desenhos de suas grades corridas.

De fato certo equilíbrio, preconizado desde o Renascimento, nunca deixou de inspirar, com maior ou menor intensidade, as várias etapas do barroco, fornecendo-lhe elementos de decoração, presidindo-lhe os partidos[33], ou mesmo, como na "portada da ordem tos-

---

32. A intenção estética é manifesta, porquanto, mesmo quando corridas, o pouco balanço das sacadas não permite o trânsito em seu desenvolvimento.

33. Paulo Barreto, em *Casas de Câmara e Cadeia*, citando Choisi diz: "O barroco das Casas de Câmara e Cadeia foi ainda o da fase renascentista, de inspiração clássica..."

*191*

cana"[34], do Palácio, originando composições isoladas. Fachadas maciças, estendidas com adornos pobres e severos, massa arquitetônica compacta... centralização e agrupação simétrica em torno de um eixo, como especifica Weisbach[35], definem-se nos edifícios públicos de então, mas também se mostram, ainda que com menor força, nas residências. Vários monumentos de Vila Rica adotaram o novo estilo, como se nota, por exemplo, na Igreja de N. S. das Mercês (de cima), na Capela do Palácio ou no antigo edifício da Santa Casa de Misericórdia, na Praça. Empenas retas, compostas em forma de frontões, algumas com seu entablamento interrompido[36], arcadas, platibandas, terraços altos, como na Igreja de S. José, são testemunhos dos novos princípios arquitetônicos que então passaram a vigorar.

É evidente que estes novos princípios não alijaram por completo e de vez aqueles outros que a tradição já consagrara e que persistiriam, principalmente, nas residências menos ousadas na adoção de novidades e mais dependentes, por economia, das soluções usuais. Contudo, mesmo nos monumentos religiosos, as características do barroco não fogem completamente a uma conjunção com o estilo que lhe sucedeu. Coberturas, trabalhadas decorações e linhas curvas, nas vergas, nas empenas ou nas próprias plantas, cobrindo rígidas torres, emparelhadas com sóbrias colunas ou rígidos frontões, com frontispícios amarrados por "ordens" estilizadas, comprovam a sabedoria com que os artistas da época resolveram o choque entre as duas tendências artísticas concomitantes, uma em franca decadência, outra apenas nascente, estabelecendo entre elas uma harmoniosa transição.

Mais representativa da nova orientação européia, condicionada, outra vez, pelas codificações elaboradas por Vitrúvio, Vignola, Paládio e outros[37] naturalmente

34. "Apontamentos para o Palácio", *Rev., APM,* 1901, p. 573.

35. *Apud* Paulo Barreto, *idem,* p. 148.

36. N. S. das Mercês e Misericórdia e coroamento das portas travessas do Carmo.

37. Sérlio, segundo Paulo Barreto, D. Clemente da Silva Nigra e outros estudiosos de nossa arquitetura, parece ter sido o autor, no assunto, mais difundido em Portugal e, por conseqüência, no Brasil de então.

do conhecimento do autor de seu projeto, é a erudita Casa de Câmara e Cadeia, "o edifício mais importante desta capital"[38] que, sem dúvida, assim como outros edifícios públicos, civis e religiosos, exerceria substancial influência na arquitetura residencial, mormente quando de maior vulto.

Os "solares" desta época são novamente quadrados, compondo volumes cúbicos, cobertos por telhados piramidais, tão robustos ou mais, pelas suas maiores dimensões, do que as primeiras casas da povoação. Pilastras nos cunhais, prolongadas por esteios cujas secções aparentemente se ampliam nos revestimentos de tábuas, grandes cimalhas de alvenaria e massa[39] ou ainda de madeira, mais volumosas pela duplicação de seus lacrimais, maciças paredes com seus portais de pedra, caracterizam estes graves sobrados, construídos pela incipiente aristocracia de Vila Rica.

As composições são amarradas, sem linhas dominantes, simétricas, estáticas, e as portas principais, maiores e mais apuradas, funcionam como ponto de convergência do conjunto. Balcões mais salientes ou mais largos e janelas maiores coroam ainda estas portas (Bobadela, 7), não só acrescentando-lhes ênfase, como criando também, no centro da fachada, um claro eixo de simetria.

Quando aparece a ensilharia[40], as cimalhas também a ela recorrem, pelo menos em certos trechos, sobre os cunhais, por exemplo, ou se fazem de alvenaria e massa pintada.

Os próprios cunhais e os portais, quando de massa ou de madeira, com riscos e pinturas buscam a aparência da cantaria, chegando a moda a tal ponto que as mesmas pedras, quando mais homogêneas, têm acentuadas as suas características por pintura que, por

38. APM, CMOP, Cód. 120 A. 198 (1797).

39. De tijolos como as especificadas para o Palácio, em 1741. *Rev. APM,* 1901, p. 573.

40. Segundo vários autores, como Diogo de Vasconcelos, a pedra aparente nas Minas, em maciços foi primeiro empregada na Matriz de Caeté, onde trabalhou Manuel Francisco Lisboa.

*193*

outro lado, reduz a decomposição a que estão sujeitos os quartzitos da região[41].

Mais tarde estas pinturas se estenderiam por todo o paramento das paredes, às vezes, em escariole, como na Rua Quintiliano Silva, 11, ou em barras no interior, com suas guarnições de ramagens por cima das réguas e por baixo uma faixa de palmo ou mais, preta, na forma do uso[42].

Dentre as mais notáveis "casas nobres" desta época, sobressai a construída por João Rodrigues de Macedo.

Obra do fim do século XVIII, terminada mesmo no XIX, distingue-se das demais pela grandiosidade de seu conjunto e apuro de seus elementos. Não só o seu volume, como o tratamento que mereceu a fazem residência singular em toda a capitania e talvez mesmo no Brasil. Suas fachadas, de alvenaria de pedra, com belos cunhais sugerindo colunas em meio ressalto, suas cimalhas de complexo perfil, principalmente nas esquinas, seus balcões abaulados, cujas bacias, de pedra, se ornam, por baixo, com cordões relevados, e seus vãos coroados por valentes cornijas, que às vergas se unem por estrangulada faixa[43], salientam-lhe o caráter monumental, raro nas habitações nacionais.

A par de uma clara tendência para o neoclassicismo, persistem em sua composição reminiscências barrocas, notadas, por exemplo, em suas vergas em arco de círculo, arco este contrariado, na fachada principal, por duas pequenas curvas reversas, junto aos apoios, solução que também aparece, mesmo em vergas retas de outras moradias, como na Rua do Ouvidor, 7.

As suas cornijas onduladas, levemente "tudor", não cobrem as ombreiras, e o conjunto ainda busca

41. Conforme APM, CMOP, Cód. 14, p. 56, já em 1725 as cimalhas de fora e todos os portais da CCC, eram pintadas, "fingindo a pedra branca", ou "vermelha" (Cód. 70, CMOP, Fls. 7-v, 1757).

42. CCC, APM, CMOP, Cód. 306, p. 8 (1836). Aliás, a moda era o fingimento, que aparece também nas vidraças, em pinturas de desenhos repetidos, ainda inspirados nos azulejos, ou imitando cortinas, como se conservaram em Santa Luzia do Rio das Velhas. Ver estes desenhos em Wasth Rodrigues, Documentário Arquitetônico, Fasc. III, estampa 44.

43. Este coroamento também aparece nas janelas da capela do Palácio, obra contemporânea da citada.

sensações de instabilidade e de movimento, tão próprias do barroco.

A porta principal, mais alta que as demais, acaba-se em cornija mais sacada, ornada, na parte superior, com relevos esculpidos que, como o ogival das cornijas, lembrando a folha de samambaia, já prenunciam o *ecletismo* próximo.

O arco de círculo de seus lintéis não se prolonga mais, de nível, sobre as ombreiras, procurando uma maior continuidade com estas, continuidade esta que seria obtida, mais tarde, pelos arcos plenos (Fig. 41).

## 6. *Século XIX*

Já então, com o emprego de novas técnicas construtivas, decorrentes também de novos materiais, — o tijolo[44], o ferro fundido[45], a louça — e maiores noções de conforto, novas concepções arquitetônicas começam a prevalecer, interpondo-se à continuidade daquelas que por três séculos serviram ao Brasil[46].

Contudo, nas Minas, as inovações não eclipsaram de todo a tradição, tanto por motivo de estar a região mais afastada dos centros de irradiação das novas doutrinas, como também, porque, já por esta época, uma pronunciada decadência econômica não permitiria de fato consideráveis desenvolvimentos ou alterações profundas na grande maioria de suas povoações.

Em Ouro Preto as características peculiares ao século XIX, principalmente em sua segunda metade, não determinariam de fato maiores modificações na fisionomia da cidade[47].

44. Este material de fato já tinha aparecido anteriormente como nas obras do Palácio e nas torres da Igreja de N. S. do Carmo, que (1766) "serão fechadas de abóbadas de tijolos", conf. Francisco Lopes, em *op. cit.*, p. 113. Em geral, porém, limitava-se a pisos, abóbadas (Palácio APM, Cód. 75, Fls. 125) ou arcos, (Idem) só mais tarde compondo paredes. Em 1771, conforme *APM, DF*, Fls. 56, custava o milheiro de tijolos 7 oitavas, 2 quartos e 4 vinténs.

45. Em colunas, por exemplo, como na Praça Tiradentes, 19.

46. Inovação mais ao alcance da cidade com a chegada da estrada de ferro em 1887.

47. Ribeiro Couto, em prefácio para *Ouro Preto*, de Germaine Krull, consigna: "A pobreza do século XIX e dos

Fig.41

Nem mesmo o estuque ou as pinturas decorativas, tão comuns em S. João del-Rei e Diamantina, se repetem em Ouro Preto, a não ser em casos isolados, como nos relevos da Rua Quintiliano Silva, 11.

Salvo os chalés com os pontos altos de sua cobertura e seus largos beirais de caibros corridos, ornados de lambrequins[48] e uma ou outra construção mais *formal,* mais comportada, da época, os conjuntos residenciais se mantiveram fiéis à boa tradição luso-brasileira que os edificou. No máximo, elementos mais decorativos, caixilhos caprichosos, pinturas inadequadas, esquadrias de venezianas, meios-portões de ferro, com iniciais gravadas (como na Rua Cláudio Manoel, 4 e Bernardo de Vasconcelos, esq. com a rua da ponte do Palácio Velho) ou modilhões sob as sacadas (Rua Ouvidor, 11) aplicam-se às fachadas, mascarando sua vetustez com uma *maquilage* moderna.

Nos revestimentos externos gravam-se desenhos ornamentais, repetidos, curvilíneos ou simplesmente hexagonais, como na Rua S. José, 11, Pilar, 24 e 31 ou Alvarenga Peixoto, 54[49] talvez inspirados nos azulejos que, em outras regiões recobrem as fachada por inteiro[50] e que, em Vila Rica, se fingem também por pinturas, como na Rua Maciel, 5.

anos seguintes salvou-a das cacofônicas construções novas". Também Manuel Bandeira, em *Guia de Ouro Preto,* p. 28, diz: "No fim do século XVIII", toma "a vila o cunho arquitetônico em que se imobilizou", acrescentando na p. 41: "Na sua decadência econômica, que remonta à segunda metade do século XVIII, não houve dinheiro para abrir ruas, alargar becos, restaurar monumentos. Nas reparações dos prédios envelhecidos, a economia levou sempre a alterar o menos possível".

48. Um destes, na rua Alvarenga, em frente ao n. 80, em alpendre, é curiosamente metálico, em ondas estilizadas.

49. Ver desenhos de Wasth Rodrigues, em *op. cit.,* fac. III, estampa 44.

50. Ver desenhos de Wasth Rodrigues, em *op. cit.,* origem árabe a gravação nas argamassas, largamente empregadas em Portugal (Alentejo) e Espanha (Zamora). Em Ouro Preto o uso de azulejos nas fachadas é raro e recente, aparecendo, por exemplo, no prédio onde funciona o Colégio Municipal, ou em barras, *v. g.,* na Praça Reinaldo Brito, 2. Internamente só ocorre na Igreja de N. S. do Carmo, convindo lembrar, todavia, que, imitados por pinturas, cobrem barras de madeira na Igreja de S. Francisco. Em Sta. Bárbara, Sabará, etc. pintam-se sobre as próprias paredes.

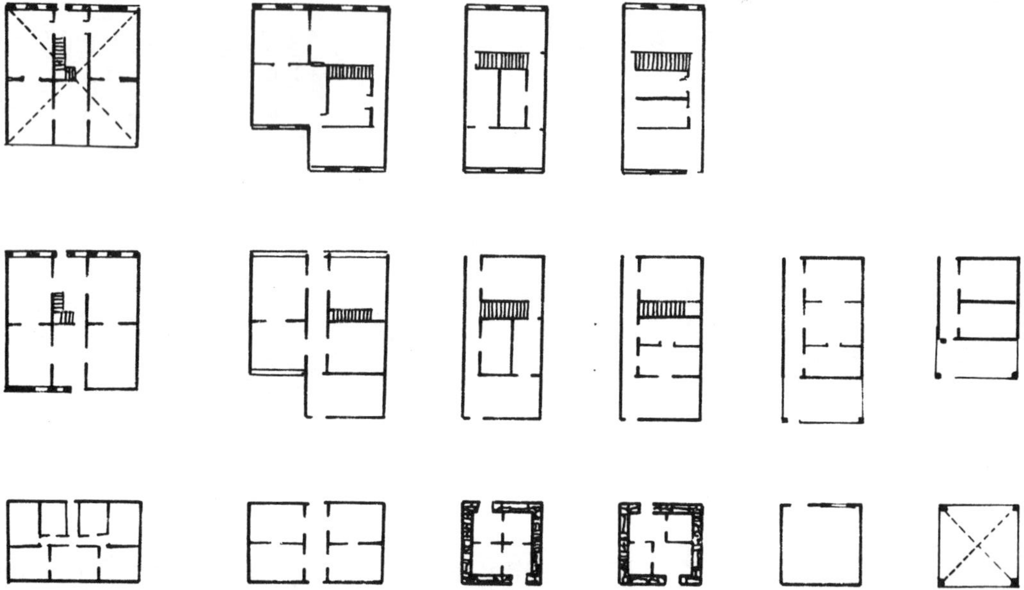

Fig. 42. Dinâmica das plantas.

Não são comuns em Vila Rica, mas também aparecem em suas fachadas elementos decorativos, encimando vergas, talvez à imitação de elementos egípcios, compostos de dois SS, que ladeiam círculos ou suas coroas, como na Rua Alvarenga, 87 ou, em um chalé, pouco abaixo da Rua Quintiliano Silva.

Ao mesmo tempo começam os coloridos a enfeitar os paramentos externos das habitações, preferindo-se os tons claros, ocres, azuis e rosas que, com a aplicação de óleo, se tornam no vermelho encontrado por Pohl, nas fachadas do Palácio[51] e tonalidades equivalentes.

Alçam-se também em maiores alturas os pés-direitos das moradias e um neogoticismo, ainda um tanto barroco, passa a inspirar, *v. g.* as vergas e os caixilhos de vidro, que se dividem, mormente quando em bandeiras, em pétalas de margarida — típicas do estilo D. José — em losangos e curvas entrelaçadas, em radiais inscritas em semicírculos concêntricos, talvez estilizadas das rosáceas[52] ou tulipas, como as da Rua do Ouvidor, 4.

Os vãos, estreitos e compridos, armam-se em caixões e cobrem-se, outra vez, por vergas retas ou em arco pleno, como na Rua Quintiliano Silva, 18, completadas por cornijas que deles se desligam, sugerindo sua maior altura.

Folhas envidraçadas, de abrir, fixam-se quando possível, do lado de fora das aduelas, completadas por bandeiras móveis ou não, que também se transportam para os interiores.

Nas sacadas de menor balanço, muitas vezes resumidos a simples molduras, aparecem as grades de ferro fundido que também se entalam no vão, como na Rua do Ouvidor, 12.

Colunas de ferro fundido estruturam as construções, proporcionando, na Rua Gabriel Soares, 14, uma varanda de frente mergulhada no corpo da casa. Como as varandas urbanas nunca se antepõem às moradias, a citada talvez se explique melhor como um vestíbulo aberto, à feição de átrio, como o da Igreja

---

51. *Apud* Taunay, *op. cit.*, t. XII, p. 223.
52. Também as grades das sacadas participam destas estilizações, fazendo-se, *v. g.*, à feição de colunelas góticas, como na Rua Tiradentes, 21.

de N. S. do Rosário, que lhe fica vizinha. Suporta ainda o ferro, de preferência em canos, os alpendres que se encostam lateralmente às residências urbanas. Por sua influência, quando no caso se usam madeiras, reduzem-se as suas secções a dimensões mínimas, que dão à construção uma grande leveza.

Para o final, o ecletismo sobreveio em composições de clara imitação greco-romana, com suas pilastras, arquitraves, platibandas, etc., superadas, depois, pelas tentativas pseudotradicionalistas, continentais ou nacionais, que só recentemente começam, afinal, a ser substituídas por uma autêntica arquitetura contemporânea.

## BIBLIOGRAFIA CITADA NO TEXTO

ADELINE, J. & MELIDE JOSÉ RAMÓN, *Diccionario de Belas Artes*. Madri, Fuente Cultural, s.d.

ALMEIDA, D. Pedro de, Conde de Assumar, *Discurso histórico e político sobre a sublevação que nas Minas houve no ano de 1720*. Belo Horizonte, Imprensa Oficial, s.d.

ANDRADE, Mário de, *O Aleijadinho e Álvares de Azevedo*, Rio, Revista Acadêmica, 1935.

ANDREONI, João Antônio, Cultura e opulência do Brasil por suas drogas e minas. *Rev. do A.P.M.*, ano IV, 1899.

ANTONIL, v. ANDREONI João Antônio. *Cultura e opulência do Brasil*.

ASSUMAR, Conde de, v. ALMEIDA, D. Pedro de, Conde de Assumar.

"Atas da Câmara Municipal de Vila Rica". *Anais da Biblioteca Nacional, 1927*.

"Atas da Câmara Municipal de Ouro Preto". *Rev. da A.P.M.*, ano XXX.

BANDEIRA, Manuel. Guia de Ouro Preto. Rio, Ministério da Educação e Saúde, 1938. *Publicações do S.P.H.A.N.*, n. 2.

BARBOSA, Antônio da Cunha. Aspecto da Arte Brasileira Colonial. *Rev. do I.H.G.B.*, t. LXI, 1898.

BARRETO, Paulo Thedim. O Piauí e a sua arquitetura. *Rev. do S.P.H.A.N.*, 2.
*Casas da Câmara e Cadeia. Mimeograf.*, 1949.

BARROSO, Gustavo. "Mobiliário luso-brasileiro". In: *Anais do Museu Histórico Nacional*, 1940.
— "Classificação geral de móveis antigos". In: *Anais do Museu Histório Nacional*, 1943.

*Bicentenário de Ouro Preto.* Belo Horizonte, Imprensa Oficial, 1911.

BRAJNIKOV, Eugènie Müller. Traces de l'influence de l'art oriental sur l'art brésilien du début du XVIIIème siècle. *Rev. da Universidade de Minas Gerais*, n. 9, 1951.

CALDECLEUGH — *Apud* TAUNAY: "Viagem à Capitania de Minas Gerais". In: *Anais do Museu Paulista, XII.*

CALÓGERAS, João Pandiá. *Formação Histórica do Brasil.* Rio, Pimenta de Melo, 1930. Biblioteca Científica Brasileira.
— *As minas do Brasil e a sua legislação.* São Paulo, Cia. Ed. Nacional, 1938. Brasiliana, 134, 3v.

CARVALHO, Feu de. *Pontes e Chafarizes de Ouro Preto.* Belo Horizonte, Edições Históricas, s.d.
— Reminiscências de Vila Rica. *Rev. do A.P.M.*, ano XIX, 1921.

CASALS, Aires do. *Corografia Brasílica.* São Paulo, Cultura, 1945.

CASTRO, Martinho de Melo e. Instrução ao Visconde de Barbacena. *Rev. do I.H.G.B.*, t. XLVII, 1884.

CLOQUET, L. *Traité d'Architeture.* Paris, Livr. Polytéchnique, 1930.

COELHO, J. J. Teixeira. Instrução para o governo da Capitania de Minas Gerais. *Rev. do A.P.M.*, ano VIII, 1903.

CORTESÃO, Jaime. Prefácio à Capitania das Minas Gerais, de Augusto de Lima Júnior.

COSTA, Cláudio Manuel da. *Vila Rica.* Ouro Preto, Tipograf. do "Estado de Minas", 1897.

COSTA, Lúcio. Nota sobre a evolução do mobiliário luso-brasileiro. *Rev. do S.P.H.A.N.*, 4.
— Documentação necessária. *Rev. do S.P.H.A.N.*, 1.

COUTO, Ribeiro. Prefácio a Ouro Preto, de Germaine Krull.

DEBRET, Jean-Baptiste. *Viagem pitoresca e histórica ao Brasil.* (Trad. e notas de Sérgio Milliet). São Paulo, Martins, 1949. Biblioteca Histórica Brasileira, 4. 2v.
— Descrição geográfica, topográfica, histórica e política da Capitania de Minas Gerais 1781. *Rev. do I.H.G.B.*, t. LXXI, 1908.
— Diário da jornada que fez o Exmo. Sr. Dom Pedro desde o Rio de Janeiro até a Cidade de São Paulo e desta até às Minas, ano 1717. *Rev. do S.P.H.A.N.*, n. 3.

DIAS, Hélcia. O mobiliário dos Inconfidentes. *Rev. do S.P.H. A.N.*, 3.

ESCHWEGE, W. E. von. *Pluto brasiliensis.* (Trad. de Domício de Figueiredo Murta). São Paulo, Cia. Ed. Nacional, 1948. Brasiliana, 257 pp., 2v.

FERRAND, Paul. *L'Or à Minas Gerais.* Belo Horizonte, Imprensa Oficial, 1913.

FRANCO, Afonso Arinos de Melo. Desenvolvimento da civilização material do Brasil. Rio Ministério da Educação e Saúde, 1945. *Publicações do S.P.H.A.N.*, 11.

FLORENCE, Hercule. Esboço da viagem feita pelo Sr. Langsdorff no interior do Brasil deste setembro de 1825 até março de 1829. (Trad. de Alfredo d'Escragnolle Taunay). *Rev. do I.H.G.B.* t. XXXVIII, 1875.

FREIRE, Gilberto. *Casa Grande e Senzala.* Rio, José Olímpio, 1946. 2v.

— *Sobrados e Mocambos.* São Paulo, Cia. Ed. Nacional, 1936. Brasiliana.

— Casas de residência no Brasil. *Revista do S.P.H.A.N.*, 7.

KIDDER, P. Daniel. *Reminiscências de viagem e permanência no Brasil.* (Trad. de Moacir N. Vasconcelos. Notas biográficas e críticas sobre o autor, de Rubens Borba de Morais). São Paulo, Martins, 1940. Biblioteca Histórica Brasileira, 3.

KRULL, Germaine. *Ouro Preto,* Lisboa, s. ed., 1943.

LANGSDORFF. *Viagem ao interior do Brasil,* v. FLORENCE, Hercule, *Esboço da viagem feita pelo Sr. Langsdorff no interior do Brasil.*

LATIF, Miran Monteiro de Barros, *As Minas Gerais,* Rio, *A Noite,* s.d.

LEME, Antonio Pires da Silva Pontes. Memórias sobre a extração do ouro na Capitania das Minas Gerais. *Rev. do A.P.M.,* t. I, 1896.

LEMOS, Pe. Afonso Henrique de Figueiredo. Monografia da Freguesia da Cachoeira do Campo. *Rev. do A.P.M.,* ano XIII, 1908.

LESSA, Clado Ribeiro. Trad. e notas à *Viagem pela Província do Rio de Janeiro e Minas Gerais,* de Saint-Hilaire.

LEVY, Hannah. A propósito de três teorias sobre o barroco. *Rev. do S.P.H.A.N.*, 5

LIMA JUNIOR, Augusto de. *A Capitania das Minas Gerais.* Rio, Zélio Valverde, 1943.

LINHARES, Joaquim Nabuco. Mudança da capital. *Rev. do A.P.M.,* ano X, 1905.

LINO, Raul. Prefácio a Ouro Preto, de Germaine Krull.

LOPES, Francisco Antônio. "Câmara e Cadeia de Vila Rica". *Anuário do Museu da Inconfidência de Ouro Preto,* I, 1952.

— História da construção da Igreja do Carmo de Ouro Preto. Rio, Ministério da Educação e Saúde, 1942. Publicações do S.P.H.A.N., 8.

LOPES, Raimundo. A natureza e os monumentos culturais. *Rev. do S.P.H.A.N.*, 1.

LUCCOCK, John. *Notas sobre o Rio de Janeiro e partes meridionais do Brasil*. (Trad. de Milton da Silva Rodrigues). São Paulo, Martins, 1942. Biblioteca Histórica Brasileira, 10.

MACHADO, Alcântara. *Vida e Morte do Bandeirante*. São Paulo, Martins, 1943. Biblioteca de Literatura Brasileira, 12.

MACHADO Filho, Aires da Mata. *Arraial do Tijuco, Cidade Diamantina*. Rio, Ministério da Educação e Saúde, 1945. Publicações do S.P.H.A.N., 12.

MAGALHÃES, Basílio de. *Expansão geográfica do Brasil Colonial*. São Paulo, Cia. Ed. Nacional, 1935. Brasiliana.

MAIA, Aristides de Araújo. História da Província de Minas Gerais. *Rev. do A.P.M.*, ano VII, 1902.

MARIANO FILHO, José. *Influências muçulmanas na arquitetura tradicional brasileira*. Rio, A Noite, s.d.

MARTIUS, C. F. von, v. SPIX, J. B. von & MARTIUS, C. F. von, *Viagem pelo Brasil*.

MATOS, Aníbal. Monumentos históricos e artísticos de Minas Gerais. *Anuário do Ministério da Educação e Saúde*, 1945.

MAXIMILIANO, Príncipe de Wied-Neuwied. *Viagem ao Brasil*. (Trad. de Edgar Süssekind de Mendonça e Flávio Poppe de Figueiredo. Refundida e anotada por Oliveira Pinto) São Paulo, Cia. Ed. Nacional, 1940. Brasiliana Gl.

MAYERHOFER, Lucas. *Reconstrução do povo de São Miguel das Missões*, s. ed., Rio, 1947.

MAWE, John. *Viagem ao interior do Brasil*. (Trad. de Solena Benevides Viana. Introdução e notas de Clado Ribeiro Lessa) Rio, Zélio Valverde, 1944.

MELIDE, J. R., v. ADELINE, J. & MELIDE, J. R. *Diccionario de Belas Artes*.

MENDONÇA, Marcos Carneiro de. *O Intendente Câmara*. Rio, Imprensa Nacional, 1933.

MENESES, Furtado de. "A religião em Ouro Preto". In: *Bicentenário de Ouro Preto*.

MORAIS, Geraldo Dutra de. *História de Conceição de Mato Dentro*. Belo Horizonte, Bibilioteca Mineira de Cultura, 1942.

MOREUX, J. Ch. *Histoire de l'Architecture*. Paris, Presses Universitaires, 1948.

OLIVEIRA Neto, Luís Camilo de. João Gomes Batista. *Rev. do S.P.H.A.N.*, 4.

PINTO, Luís Maria da Silva. "Relação das cidades, vilas e povoados da Província de Minas Gerais". *Rev. do A.P.M.*, ano II, 1897.

PINTO, Moreira. Ouro Preto. *Rev. do A.P.M.*, ano XI, 1906.

PIRES, Antônio Olinto dos Santos. A mineração, riquezas minerais. *Rev. do A.P.M.*, ano VIII, 1903.

POHL, João Emanuel. *Viagem ao interior do Brasil*. (Trad. do I.N.L.) Rio, I.N.L., 1951. Obras Raras, 3. 2v.

PONTES, Manuel José Pires da Silva. Primeiros descobridores das minas de ouro na Capitania de Minas Gerais. *Rev. do A.P.M.,* ano IV, 1899.

— Manual do Guarda-Mor. *Rev. do A.P.M.,* ano VII, 1902.

PRADO JÚNIOR, Caio. *Formação do Brasil contemporâneo (Colônia).* São Paulo, Brasiliense, 1945.

PORTO SEGURO, Visconde de, v. VARNHAGEM, Francisco Adolfo, Visconde de Porto Seguro. *História Geral do Brasil.*

RIBEIRO, Clóvis. *Brasões e bandeiras do Brasil.* São Paulo, 1933.

ROCHA, José Joaquim da. Memória Histórica sobre a Capitania de Minas Gerais. *Rev. do A.P.M.,* ano II, 1897.

RODRIGUES, J. Wasth. Móveis antigos de Minas Gerais. *Rev. do S.P.H.A.N.,* 2.

— *Documentário, arquitetônico.* São Paulo, Martins, 1944-1945. Em fascículos.

ROLF, Paulo A. M. de Almeida. Calcários dolomíticos no Município de Ouro Preto. *Rev. da Escola de Minas de Ouro Preto,* abr. de 1950.

RUGENDAS, J. M. *Viagem pitoresca através do Brasil.* (Trad. e nota de Rubens Borba de Morais). São Paulo, Martins, 1940. Biblioteca Histórica Brasileira, 1.

SAINT-HILAIRE, Augusto de. *Viagem à Província de São Paulo.* (Trad. e prefácio de Rubens Borba de Morais). São Paulo, Martins, 1945. Biblioteca História Brasileira, 2.

— *Viagem pelas Províncias do Rio de Janeiro e Minas Gerais.* (Trad. de Clado Ribeiro Lessa). São Paulo, Cia. Ed. Nacional, 1938. Brasiliana.

SANTOS, Afonso dos. Natureza jurídica dos quintos. *Rev. do A.P.M.,* ano XXVI, 1938.

SANTOS, Benedito José dos. A geologia do Município de Ouro Preto. In: *Bicentenário de Ouro Preto.*

SANTOS, José Almeida. Estilo brasileiro D. Maria ou colonial brasileiro. *Rev. do S.P.H.A.N.,* 6.

SANTOS, Lúcio dos. *A Inconfidência Mineira.* São Paulo, Escola Profissional do Liceu Coração de Jesus, 1927.

SANTOS, Paulo, *A arquitetura religiosa de Ouro Preto.* s. ed., Rio, 1951.

SEGURADO, Santos. *Trabalhos de carpintaria civil.* Lisboa, Aillaud e Bertrand, s.d.

SILVA, Luís Diogo Lôbo da. Extrato do "Descobrimento das Minas Gerais etc.". *Arquivo Público Mineiro,* códice 76. D. F. (avulsos).

SILVA-NIGRA, D. Clemente da, O.S.B. *Construtores e artistas do Mosteiro de São Bento.* Salvador, Tipog. Beneditina, 1950. 3v.

SILVEIRA, Vítor. *Minas Gerais em 1925.* Belo Horizonte, Imprensa Oficial, 1926.

SOUSA, Gabriel Soares de. *Notícia do Brasil.* São Paulo, Martins, 1945. Biblioteca Histórica Brasileira, 16. 2v.

SOUSA, Manuel Inácio de Melo e. Administração de justiça em Minas Gerais. *Rev. do A.P.M.,* ano III, 1898.

SOUTHEY, Roberto. *História do Brasil.* (Trad. do inglês pelo Dr. Luís Joaquim de Almeida e Castro, anotada pelo Cônego D. J. C. Fernandes Pinheiro), Salvador, Progresso, 1948-1954, 6v.

SPIX, J. B. von e Martius, C. F. von. *Viagem pelo Brasil*. (Trad. de Lúcia Furquim Lahmeyer). Rio, Imprensa Nacional, 1938, 4v.

TAUNAY, Afonso de Escragnolle. *História Geral das Bandeiras Paulistas*. São Paulo, Imprensa Oficial, 1948. t. IX e XIX.

— História da Vila e da Cidade de São Paulo no século XVIII. *In*: *Anais do Museu Paulista*, V. 1931.

— *De Brasiliae rebus pluribus*. São Paulo, Imprensa Oficial, 1936.

— Assunto de três séculos coloniais. In: *Anais do Museu Paulista*, XII.

— Artigos em *Jornal do Comércio*.

TÔRRES, João Camilo de Oliveira. *O Homem e a Montanha*. Belo Horizonte, Cultura Brasileira, 1944.

TRINDADE, Cônego Raimundo. *São Francisco de Assis de Ouro Preto*. Rio, Ministério da Educação e Saúde, 1951. Publicações do S.P.H.A.N., 17.

— Triunfo Eucarístico. *Rev. do A.P.M.*, ano VI, 1901.

VARNHAGEN, Francisco Adolfo, Visconde de Porto Seguro. *História Geral do Brasil*. (Revisão e notas de Rodolfo Garcia). São Paulo, Melhoramentos, 1948, 5v.

VASCONCELOS, Diogo L. de A. P. de. *História Antiga das Minas Gerais*. Rio, I.N.L., 1948. Biblioteca Popular Brasileira, XXIV, 2v.

— *História Média das Minas Gerais*. Rio, I.N.L., 1948. Biblioteca Popular Brasileira, XXV.

— As Obras de Arte em Ouro Preto. In: *Bicentenário de Ouro Preto*.

VASCONCELOS, Diogo Pereira Ribeiro de. Memória sobre a Capitania das Minas Gerais. *Rev. do A.P.M.*, 1901.

VASCONCELOS, Salomão de. *Ataíde*. Belo Horizonte, Paulo Bluhm, 1941.

— *Bandeirismo*. Belo Horizonte, Biblioteca Mineira de Cultura, 1944.

— Ofícios mecânicos em Vila Rica durante o século XVIII. *Rev. do S.P.H.A.N.*, 4.

— Primeiros aforamentos de Vila Rica. *Rev. do S.P.H. A.N.*, 5.

VAUTHIER, L. L., Casas de Residência no Brasil. *Rev. do S.P.H.A.N.*, 7.

VELOSO, Augusto. Dados legislativos concernentes a Vila Rica. In: *Bicentenário de Ouro Preto*.

VIANA, Araújo. Das artes plásticas no Brasil etc. *Rev. do I.H.G.B.*, t. LXXIII, 1915.

WIED-NEUWIED, Príncipe de, v. MAXIMILIANO, Príncipe de Wied-Neuwied.

W. P. Mobiliário, vestuário, jóias e alfaias dos tempos coloniais. *Rev. do S.P.H.A.N.*, 4.

Anais do Museu Paulista.

Coleção de Leis Extravagantes etc. Lisboa, Mosteiro de São Vicente de Fora.

*206*

Documentos inéditos do Arquivo Público Mineiro.
Documentos inéditos do Cartório do 1.º Ofício de Ouro Preto.
Publicações do Serviço (hoje Diretoria) do Patrimônio Histórico e Artístico Nacional.
Repertório das Ordenações e Leis do Reino de Portugal.
Revista do Arquivo Público Mineiro.
Revista do Instituto Histórico e Geográfico Brasileiro.
Revista do Serviço do Patrimônio Histórico e Artístico Nacional.

## PRINCIPAIS ABREVIATURAS USADAS NO TEXTO

A. P. M. — Arquivo Público Mineiro
CMOP — Câmara Municipal de Ouro Preto
CÓD. — Códice
IHGB — Instituto Histórico e Geográfico Brasileiro
CCC — Casa de Câmara e Cadeia
SPHAN — Serviço do Patrimônio Histórico e Artístico Nacional
S. G. — Arquivo Público Mineiro, Seção Colonial
S. C. — Arquivo Público Mineiro, Seção Colonial
D. F. — Arquivo Público Mineiro, Delegacia Fiscal

## ARQUITETURA NA PERSPECTIVA

*Quadro da Arquitetura no Brasil*
  Nestor Goulart Reis Filho (D018)
*Bauhaus: Novarquitetura*
  Walter Gropius (D047)
*Morada Paulista*
  Luís Saia (D063)
*A Arte na Era da Máquina*
  Maxwell Fry (D071)
*Cozinhas, Etc.*
  Carlos A. C. Lemos (D094)
*Vila Rica*
  Sylvio de Vasconcellos (D100)
*Território da Arquitetura*
  Vittorio Gregotti (D111)
*Teoria e Projeto na Primeira Era
da Máquina*
  Reyner Banham (D113)
*Arquitetura, Industrialização e
Desenvolvimento*
  Paulo J. V. Bruna (D135)
*A Construção do Sentido na
Arquitetura*
  J. Teixeira Coelho Netto (D144)
*Arquitetura Italiana em São Paulo*
  Anita Salmoni e Emma
  Debenedetti (D173)
*A Cidade e o Arquiteto*
  Leonardo Benevolo (D190)
*Conversas com Gaudí*
  Cesar Martinell Brunet (D307)

*Por Uma Arquitetura*
  Le Corbusier (E027)
*Espaço da Arquitetura*
  Evaldo Coutinho (E059)
*Arquitetura Pós-Industrial*
  Raffaele Raja (E118)
*A Casa Subjetiva*
  Ludmila de Lima Brandão (E181)
*Arquitetura e Judaísmo:
Mendelsohn*
  Bruno Zevi (E187)
*A Casa de Adão no Paraíso*
  Joseph Rykwert (E189)
*Pós-Brasília: Rumos da Arquitetura
Brasileira*
  Maria Alice J. Bastos (E190)
*A Idéia de Cidade*
  Joseph Rykwert (E234)
*Espaço (Meta)Vernacular na Cidade
Contemporânea*
  Marisa Barda (K26)
*História da Arquitetura Moderna*
  Leonardo Benevolo (LSC)
*Arquitetura Contemporânea no
Brasil*
  Yves Bruand (LSC)
*História da Cidade*
  Leonardo Benevolo (LSC)
*Brasil: Arquiteturas Após 1950*
  Maria Alice Junqueira Bastos
  e Ruth Verde Zein (LSC)

COLEÇÃO DEBATES
(ÚLTIMOS LANÇAMENTOS)

297. *Platão: Uma Poética para a Filosofia*, Paulo Butti de Lima.
298. *O Teatro É Necessário?*, Denis Guénoun.
299. *Ética e Cultura*, Danilo Santos de Miranda (org.).
300. *Eu não Disse?*, Mauro Chaves.
301. *O Teatro do Corpo Manifesto: Teatro Físico*, Lúcia Romano.
302. *A Cidade Imaginária*, Luiz Nazario (org.).
303. *O Melodrama*, J. M. Thomasseau.
304. *O Estado Persa*, David Asheri.
305. *Óperas e Outros Cantares*, Sergio Casoy.
306. *Primeira Lição de Urbanismo*, Bernardo Secchi.
307. *Conversas com Gaudí*, Cesar Martinell Brunet.
308. *O Racismo, uma Introdução*, Michel Wieviorka.
309. *Emmanuel Lévinas: Ensaios e Entrevistas*, François Poirié.
310. *Marcel Proust: Realidade e Criação*, Vera de Azambuja Harvey.
311. *A (Des)Construção do Caos*, Sergio Kon e Fábio Duarte (orgs.).
312. *Teatro com Meninos e Meninas de Rua*, Marcia Pompeo Toledo.
313. *O Poeta e a Consciência Crítica*, Affonso Ávila.
314. *O Pós-dramático: Um Conceito Operativo?*, J. Guinsburg e Sílvia Fernandes (orgs.).
315. *Maneirismo na Literatura*, Gustav R. Hocke.
316. *A Cidade do Primeiro Renascimento*, Donatella Calabi.
317. *Falando de Idade Média*, Paul Zumthor.
318. *A Cidade do Século Vinte*, Bernardo Secchi.
319. *A Cidade do Século XIX*, Guido Zucconi.
321. *Tradução, Ato Desmedido*, Boris Schnaiderman.

Impresso nas oficinas
da Graphium Gráfica e Editora
em junho de 2011